# THE
# WESTMORLAND DIALECT,

WITH THE ADJACENCY OF

## Lancashire & Yorkshire,

IN

## Four Familiar Dialogues:

IN WHICH

*AN ATTEMPT IS MADE*

TO ILLUSTRATE THE

# PROVINCIAL IDIOM.

THE THIRD EDITION.

BY A. WHEELER.

KENDAL:
PRINTED BY M. AND R. BRANTHWAITE.
SOLD BY J. RICHARDSON, ROYAL-EXCHANGE, LONDON.

1821.

In the interest of creating a more extensive selection of rare historical book reprints, we have chosen to reproduce this title even though it may possibly have occasional imperfections such as missing and blurred pages, missing text, poor pictures, markings, dark backgrounds and other reproduction issues beyond our control. Because this work is culturally important, we have made it available as a part of our commitment to protecting, preserving and promoting the world's literature. Thank you for your understanding.

## TO THE
## READER.

STRUCK with a dialect, which to the author, from her long residence in other parts of the kingdom, appeared quite novel, she was determined to try what kind of orthography could be formed from it, and accordingly wrote the dialogue between ANN and MARY, without any intention of its ever appearing in print; this she read to some friends, who persuaded her to add some more dialogues and publish them, presuming that they might afford an agreeable amusement to those who take a pleasure in observing the progress towards improvement which is daily making in the dialect of every district, and the great difference which exists between the dialect of the country and town, though in the same kingdom.

*In the dialogue between* SARAH *and* JENNET, *she has, as far as she was able, stuck close to nature, and attempted to delineate the heart of a rural Coquet, whose ideas seem to be the same as those of a modern town Lady, only allowing for the difference of education; to give pain seems to be the summum bonum of both.*

*In all the dialogues she has endeavoured to convey the ideas of the people in the stations of life she has fixed upon; how far she has succeeded she does not presume to say, but if she is happy enough to amuse her readers, she will think herself sufficiently recompensed.*

*Such as find fault with the orthography used in the dialogues, are desired to remember that provincial orthography is one of the most difficult tasks of literature; for, in the application of letters to sounds and pronunciation, scarcely two people think alike.*

---

*The author was the daughter of Edward and Eleanor Coward, of Cartmel, where she was born and educated, she lived eighteen years in London, part of which time as a house-keeper, in a gentleman's family, until she was married to one Wheeler, a Guinea Captain: after her husbands death, she returned to Arnside Tower, to live with her brother, W. M. Coward, where she wrote the Westmorland Dialect, Strictures on the Inhabitants of a Market Town, Female Restoration, Acco. and Ego. a Dialogue; besides several plays and other pieces, in manuscript, which were found prepared for the press, at the time of her death, as she took great delight in writing and making rhymes.*

*Mrs.* WHEELER, *died the second of November, 1804, at Arnside Tower, in the sixty-ninth year of her age, and was buried within the chancel of Beetham Church; she left a Guinea to be given to the Vicar, for preaching her funeral sermon, from Psalm 94, v. 19. As she was a charitable and affectionate woman, this further short memorial of her exit, will not need any apology.*

*Kendal, August 1st, 1821.*

# A PREFATORY DISCOURSE.

I kna monny of my reedets will think, nay en say, I hed lile et dea tae rite sic maapment abaut nae body knas what, I mud hev fund mitch better imployment in a cuntry hause, tae mind milkness, sarra coafs, leak hefter pigs en hens, spin tow for bord claiths en sheets, it wod hev been mitch maar farrently then ritin bukes, a wark ets fit for nin but Parson et dea; but en ea mud rite I sud hev meaad receits for sweet pyes en rice puddins, en takin mauls aut eth claiths; this mud hev dun gud, but as to that nea yan knas what it means, its a capper.

It wur net ith time of Oliver Crumel, ner king Stune, but sum udder king, twea men com a girt way off, ameast be Lunnon, en they wanted toth gang owar sand, but when they com en leakd what a fearful way it wur owar, en nae hedges ner tornpike to be seen, they wur flayed, en steud gloarin abaut net knain what toth dea, when belive a man com ridin up tew em en esht whaar they wur bawn, they sed owar sand, but it wor sic a parlish way they didnt like tae gang, for feard ea been drownt. This man sed cum gang wie me, I'll tak ye'th seaf owar I'll uphod ye'th, wie that they set off; an thor men hed been at college, coad Cambrige, en they thout tea hev sum gam wie their guide, soa as they raaid alang, yan on em sed he wod giv a supper an a crawn baul of punch, if they cud cap him wie onny six words; they try'd monny a time, but cud net deat. At last they gat seaf owar sand, en ridin up Shilla, twea wimen wur feighten, en hed pood yan ea nudders caps off, en neckclaiths; they steud and leakd et em a lile bit, when th guide coad out "*ea nudder blae el deat,*" upon hearing this awr travellers sed yee hev won the wager, for that wur a language unknane tae onny University.

# THE CONTENTS.

I. Dialogue between Ann and Mary, upon running away from a bad husband. ——— 11

II. Dialogue between Betty, Aggy, and Jennet, upon the loss of a husband. ——— 45

III. Dialogue between Sarah and Jennet; or the humours of a Coquet in low life displayed. ——— 64

IV. Dialogue between Barbary and Mary, containing observations and remarks on a journey to London, and the many fine sights seen at the far end. ——— 87

Two Speeches. ——— 112

Gossip Nan, a song. ——— 113

Brigsteer Jonny, a song. ——— 114

A Glossary. ——— 116

## THE WESTMORLAND DIALECT, &c.

### DIALOGUE I.

BETWEEN

## ANN & MARY,

*Upon running away from a bad husband.*

*Ann.* SAE whaar er yee bawn, yee er sea dond awt ith check happron?—what ails tea? what haesta been greetin?

*Mary.* Aye, marry ive enuff tae greet abaut.

*Ann.* Whya what tarts flawn rang naw I praia? whats Joan en the fawn awt agayn?

*Mary.* Aye, ise gangin tae Lirple wie Peter, I'll stay nin here, I'll nivver leev wie him maar, ise git a sarvis sum whaar I racken.

*Ann.* Nae daut but thau may, but thaul want to be at heaam agayn.

*Mary.* Nay nivver while I leev, for ive born his ill-humour and sorliness ivver sen I wor wed, naw gangin ea eight yeer, an hes ivvery day waars, an I'll bide nea langer, sea gang I will.

*Ann.* But what hees nea waars then he wur, is he? what thau knas him, praia maak yersel yeasy.

*Mary.* When we wor wed he tewk me heaam to leev ith auld end wie fadder fowk, it wur sic a spot as ye nivver saw barn, it wur black as the dules nutin bag wie seat, an it reeks yee cannit see yan anudder; he began wie corsin and lickin me, an hees hodden on ivver sen. I doant like cocklin, an gang toth skeer I'll net, an I can nivver spin tow enuff to please him, hees sic a reeden paddok; last neet he lickd me wie steal, threw a teanale wie cockls at me, brack aw me cups an sausers, a tee-pot I gav a grote for at Kendal Fair, threw tee imme een; but I was gaily une wie him for I slat a pot a weatin in his feaas, meaad his een sae saar that he cud net hoppen em, he swaar he wad kill me when he gat haad omma, soa he may, for ise nivver ane him mair while I leev.

*Ann.* Thau tauks terrably, whya thau wod be teerd in a lile time was tae frae him, what cud tae dea at Lirple, nea yan dar tak the in, a husband hes terrable pawer, nea Justice can bang him, he can dea what he will wie the, he may lick the, nay hoaf kill the, or leaam the, or clam the, nay sell the, an nae yan dar mell on him.

*Mary.* Oddwhite Justice an King teea, for meaakin sic laas, nea yan can bide wie him, an arrant filth! hees oways drunk when heeas brass, an then he grudges me saut to me podish, nay he taks brass I git wie spinnin tow, an barns an I may clam ith hause, he cares nowt abaut it; leak et me shoon, me coaats, ise soa mad at him I cud welly hong me sel.

*Ann.* Nae that wad be wars then runnin away frae him; he wod like to be rid baith oth wife and barns I racken.

*Mary.* Aye, then he mud gang hefter

B

oth filth 'ith parish, for thear is net a
daunet ith cuntry but he knaas her, dud
net he spend hoaf a crawn on a lairly
ugly, and staid oa neet wie her; lost poak,
hoaf a steaan a woo, a paund a shuger,
hoaf a quartern a tee, a conny lile chees;
dule rive him for a drunken foal, its enuff
to meaak onny woman mad, but ea god-
lins I'll match him as sure as ivver he
matchd awr cock at Beetham.

*Ann.* What is he a cocker teya?

*Mary.* Aye that he is, he meaad bree-
ad for cocks, when barns clamd, an lickd
lile Tom for bricken a bit oth cock breead,
an becaase I tewk up for my nane barn, he
up wie his gripin neaf an felt me owar.

*Ann.* Hees fearful nowt I racken, but
sum haw I wad nit hae the leaav him;
whya whaarst caw; what yee hae milk
an butter.

*Mary.* Dule tak him, he selt her; yee
man kna we tewk sum gerse for her, it
wor to be a ginny, man com tea lait th
brass monny a time, I towd him it wur a
sham he dud nit payt, he sweaar he wad

sell her, and like a rascot as he wur, he dreav her tea Kirby fair an selt her, an staid thear tul he hed spent oth brass he gat for her; I thout I shuld ed gean craily I war sae wae abaut partin wie her, thof she war but a lile scot she gave a conny swoap oa milk, an ive chirned five paund a butter en week frae her, I cud sumtime selt a paund unknawn tae him, an Fadder Fowk dud let us chop her intul ther parrak ith winter; sea we dud varra connoly while we hed her, he cud net clam us while we hed a cow; but now oas gean, an leav him I wul.

*Ann.* What'al become o'th bains? ise wae abaut them.

*Mary.* Whya, they mun gang toth cockl skeer wie him, th lad is gayly weel up, an lass is wie her grondy, for tae leev ith auld end wie th auld Fowk I nivver will, for they meaak bad wams an hes ivver sen we wur wed, they er arrant filths; en he caant dea wieth barns he mun fest em awt.

*Ann.* Aye they er a terrible breed for

sartan, en thau hed ill-luck tae cum amang sic a bad geat.

*Mary.* Aye en I hed net been wie barn I wad nit hae hed Joan; but what cuddee dea, tother fello et hed tae dea wie me ran away, soa I wur forst to tak this lairly.

*Ann.* When lasses deas sic tricks as that they mun tak it as it leets, what at dow can cum ea sic deains, but I mun say thau hes carried the sel mannerly enuff sen thau wor wed.

*Mary.* Aye, I nivver rangd him, but he hes hed deains wie awth lairlys ith parish, an monny a lump ea brass he hes teaan frae his poor barns an me, to carry to thor uglys; but I'll gang an see for captan' an kna when he sails, for gang I will, I'll nivver stay an clam here.

*Ann.* I tell thee barn he dars net tak thee, nea captan dar tak anudder man's wife, whya Joan wad sean clap Speight en Goulden on his back wur he to tak the in.

*Mary.* What the dule munea dea? I'll gang afoat then, for stay I caant, I'll gang toth sarvis, I'se set ont.

*Ann.* But wha'el tae gang tea barn? Lirples a girt spot, if tae kna nea yan theyl nit tak thee in.

*Mary.* Me cusen Bets thear, an sent a letter for me tae cum, an she wad git me a reet gud pleasse; sae yoe see I hev yan tae gang teea, ise net gangin a sleevles arrant. Bet cud git like wie beerin peats at Faulsha, she naw gits varra connoly, an sent a letter for me to cum, an man et brout it sed she wur dond varra weel, an waar white stookins an claith shoon, an why maint I pruia?

*Ann.* Dustay kna whaar she leevs ith Lirple?

*Mary.* Aye, aye, she loevs at a yale hause beeth dock.

*Ann.* Beeth dock? whya barn thear ar twenty docks an ea hundred yale hauses, thaul nivver find it by that, than mud as weel leak for to feend a cockl er musel grooing a top a Farlton Knot, I see thaust an arrant maislikin an mit fit ta gang frae heaam.

*Mary.* Yeer mistaken, I ken her moir

ter, he keeps sign oth. Teap, hees a lile stiff fello, wie a varra snod feace, they coo him, they coo him, what toth sham meyas me forgit his neaam?

*Ann.* What toth dule sinifies thee knain it, Joan al hefter thee an nivver let thee aleaan, an tak thee brass frae thee, and lick thee beaans sair intoth bargin; stay et heaam gud lass and spin tow.

*Mary.* Dule may spin tow for me, I'll gang toth sarvis, then ise nivver fear but don me sel like udder fowk, I can dea onny mak a wark in a hause, nowt cums rang toma.

*Ann.* Whya barn, thau mun pleas the sel, but ise sure thaul nivver dea at Lirple, tawns wark is net likt cuntry, thear sae mitch waatin on em, an the ar awe sae praud, thaul nivver larn I daut.

*Mary.* then I'll gang tae Lunon, for I hev twea ane breeders thear, yan an ostler, tudder wed varra grand, keeps a varra girt shop, sells oa maks a garden stuff, cabbage, turmits, carrats, an leevs terrable well, for Joany Garth saa him an wife, she hed monny gowd rings an sum dimont yans on her hands: naw if I cud git thither I sud be meead at yance.

*Ann.* Aye, but haw can tae git, wauk thau cannet; its a terrable way, an thau mun git toth kna whaar thee breeders leevs, for was a stranger tae gang intae Lunon, they wod sean be taken up wie baads an they don awt varra grand, ea fine claiths, an let em awt sae mitch a week toth men, but like ath brass cums toth lass her sel.

*Mary.* Whya marry I matter net wha I leev wie, for I racken they doont work hard, ner they er net plaiged wie spinnin tow, and as tae up wark, whya I like it weel enuff.

*Ann.* Stay at heaam, thau er tea girt a dunee tae gang tae Lunon, theul nivver dea. But whaar leevs te breeders I preia?

*Mary.* Whya Joany leevs at sign oth soos heaad and Boats, ith neak ath what toth dule meyas me forgit street, its caw market I kna, its Smite-gate, Smith-street, nay its Smithfeelt I kna.

*Ann.* Then its aut a Lunon I racken if its a feelt.

*Mary.* Nae its ith mid mang oth streets awr Joan says. Its naw cum into my heaad what I'll dea, ive hoaf a ginny unnane tae onny yan, that I'll pay for gangin up with wagon, an I'll tell it oa raund ise ganging tae Lirple, sae awr Joan al nivver feend me awt, ise quite thraw him, git but frae him ise dea: I dunnet feer an ea six or sewen yeer time, I mappen cum dawn dond in mea silks and satans, wha can tell?

*Ann.* Whya hang thee, thau er farrantly enuff tae leak at, war thau but dond awt weel.

*Mary.* I'll sean be that, let me yance git tae Lunon; I dunnet fear leetin on a pleace; beside me breeders I knaw wod help me, and I'll nivver send a letter tae owr Joan as lang as I leev if I thrive ea Lunon, an I nivver hard ov onny that dudnt; why thear wur me twea cusens, Bet an Mal, went up, en naw they hev claiths wad stond an end, an dond like

Queans, ive hard monny say, and mass I'll be soa tea, er I'll try.

*Ann.* Aye but nebbors say they er baith wheors tae sum girt fowk, en thats bad deains lass.

*Mary.* Thats aw spite, nowt ith ward else, an if they be thats nowt tae nea yan, its mitch better than spinnin tow; but awr nebbers is sic a spiteful gang, if onny lass don hersel a bit better than they, they aw coo her, and if they cud they wad poo her ea bits, yee nivver hard sic spiteful deains as when awr Nan gat her new bonnet with a white linein an a par a white stockins, they wur ready et stane her.

*Ann.* Marcy on us, times is fearfully awtered sen I wur a young woman; we thout it varra mensful to hev a par a worsed stockins, wie white or yellow clocks, in awr awn spinnin an knittin; a par a ledder shoon wie white roands.; a gud calimanco or camlet gawn; and a mannerly claith happron; an Hindee silk handkercher for sundays; a conny daiseat mob an a black shag hat, et wad last us awr life-tinfe; an we bout nowt but we thout whedder it wad dea if we sud be poor mens wives; when awre an I wor wed we cud but meaak neen shillin between us, we baith draad yaa way, an we hed sewen barns, born and kirsend, an we bun thre on em to trands, set tother foret ith ward, and berid twea; leevd thirty yeer tegidder, and when he deed he left mea a conny hause, a parrok, a garden, an twea conny like mosses, and I feend it varra comfortable teaa draa; but naw ivvery tow spinner is dond awt ith claith shoon an white stockins; weel may lads be feared to wed when lasses ligs awt their brass ea gose caps, and girt corls, an sic like gear, fit for nea body but Madam Wilson, and sic like gentelfowk.

*Mary.* Sic things dud varra weel when they wur ith fashion, but naw yee see nea yan bawnth ith worsed stockins et can git white yans, an they dunnet leak weel when fowk is dond ea their sunday claiths, an young fowk wad be like their nebbors.

*Ann.* Sflash! to hear a cocklers wife an a tow-spinner tank a fashons, it wad mak a body spew: when I wor young we hed nea donsin-neets, it wor nit ith fashon for ivvery young lass to be wed wie her Happron up, it wor nit ith fashon te keep wedden en kirsenin at seeam time, that com up wie donsin neets, an girt caps, an corls.

*Mary.* Yee see ivvery pleaase groos maar grand, wards prauder then when yee was young; leak ath' men haw they er dond; they er as fine as lasses; leak what fine ribans rawnd ther hats, ther vests haw they er tornd dawn, an sic girt buckels, ameast oa owar ther shoon, rufled shirts an fine neckcloths; I think they lig ther brass awt as badly as lasses oa my mind.

*Ann.* Nivver dud I leak to see sic girt deaiñs, an sic pride croppen intul Storth an Arnside, nowt can awt dea them ise sure, they er dond awt maar than ony that cums to Beethom Kirk.

*Mary.* Whya they git it an sure they

hev a reet to lig it awt oa ther backs; I. hev hard monny lads say at connyst lasses et comes toth Kirk, cums awt oa Arnside an Storth.

*Ann.* Wiltae gang heam an settel the sel to the wark, an I care nowt what they dea wie ther brass.

*Mary.* Nay nivver while ea leev, I'll gang reet tae Lankester, and fra thear tae Lunon, and when I hae gitten a pleaas ise send yee word haw I like.

*Ann.* Thaurt a reet hard hafted lairly, that can torn the back oth barns, what hae they dun at the, poor things, for sham, gang heaam an meaak it up wie Joan, an stay wieth lads.

*Mary.* What en be lick'd and clam'd?

*Ann.* Thau caant be ill clam'd an seaav hoaf a ginny; clamin wad hev meaad the brick it for bread; cum gang heam, kiss tae barns, an then if thau will gang prei the dea; but a lile fire-side at yans ane heaam is better than a fearful girt yan at yans Maisters.

*Mary.* I knaw net what tae dea, ise

laath tae leav th barns, I think I mun stay; but wha can this be? he leaks an he wur lost. Whaar cum yee frae a preia?

*Stranger.* I com frae aboon an ise gangin toth belaw, but I lost me sel on thor plaguy Fels, an I been maunderin twoa heaal neets an twoa days, an naw ise gitten on tae thor sands, isc as ill off as ivver; a preia haw munea git in toth Laa Fornass?

*Ann.* What yee hae sum cusens thear, I racken.

*Stranger.* Nay net as I kna on, ise gangin to lait wark.

*Mary.* Sflesh! yee hae sum lass wie barn, an want tae git awt oth way, yee leak sae wea; for sure he blushes.

*Ann.* Tak my cauncil, gang the way back agayn an wed her, its better then runnin thy cuntry, an if shees a farently lass ye mun beath dra yaa way, an yeel dea, I warrant tea.

*Stranger.* Nea ycer mistane, I nea lass wie barn, but ise leevin me pleaas sumet abaüt a lass bein wie barn, thats sartin.

*Ann.* Cum the way wie me, leaksta, yons my hause, an if thaul gang wie me I'll gie the a fleak an a pot-ful a saur milk, an thau maes tell us awe abaut it.

*Stranger.* Ise ean gang wie yee, an yeel mappen show me th way into Fornass.

*Ann.* Aye, aye, barn wees tel the awt wie kna, when tau hes filt the belly, cum gae the wae in wie Mary, an ise bring a lock a peats toth fire. Sflesh, leak! soo hes gitten in toth garth, an shees hitten up awth turnits, rooted up awth parcel, an trodden dawn oa me poleanters; dule tak her for an unlucky carron, but I'll sean meaak an end a the, for I'll sel the if onny yan will by the ea O kirsendom caunty. But cum naw let us kna, what braut yee hear? a preia.

*Stranger.* Yee mun kna I leevd up ith Fels, a girt way aboon Hougil, maister hed a girt staat, he kept it in his awn hands, we wur twoa men an twoa lasses, yan wur hause keeper, an like, we thout they wor tath girt, but we wur laith tae sayt, for he wur a terrable man, an if onny yan sead awt abaut em, he wad laa em tae deaath, oa th nebbors feard him, nea yan durst mell on him onny whaar raund; yaa neet he cood me intul th barn, 'Joan,' sed he, 'I want the tae gang an arrant for me, ith mornin, yee mun be reddy tae set awt sean, and giv Bess a gud feed a corn, ise gangin tae put girt trist ea the, thau mun be reddy be faur a clock;' I sed 'aye, I wad.' I wur up as seen as I cud see leet, an maister bad me yoak th coverd cart; I cud net think what he wur gaain toa send me for; when I hed dun it I brout it toth dure, an he put in a box an a chair, then tewk me intul th hause, gav me a dram, and a crawn for spences ath road, bad me tack girt caare ea what I wur bawn tae carry; I sed 'I wod.' He went in an braut awt Betty aur hausekeeper, helpd her in toth cart, then coverd her sea cloase nea yan cud see her, and bad me tak her tae Temple Saurby, an gav me a ritten paaper, whaar tae leev her, we wur just gangin off when maister com tae me an sed, "I'll gie the hoaf a ginny for the daark, an thau git her seaaf thear," I sed "ise dea me best," an we set off an went abaut three miles, an I thaut I'st meaak a gud daark ont. We wur gangin dawn a lile hill when I saw I hed twoa hod stockins on; I thout I sud hae tumeld owar; for I knew varra weel I sud hae ill luck; for I nivver but twice dond twoa hod stockins on, an yaa time I wur plooin ith lang deal, an Jewel teak freet, an ran oway, brack oa th gear fearfully, leaamd her showder, an like tae kilt me; neist time I wur gangin toth mill, anth watter wur awt, an I hed four laaid a corn, I hed like tae been drownt, an I lost yaa laaid oa corn, an was varra glad ta seaav mesel; soa yee may think haw freetend I wur when I saw my stockins.

*Mary.* Ive hard fowk say its fearful unlucky.

*Stranger.* Terrable soa indeed; ise sure ive hard me mudder en me grondy say they wad rader see a spirit er the dule his sel, then hev twea hod stockins on ther legs; it boads sum girt truble.

*Ann.* An preia.what happend?

*Stranger.* When we hed gean abaut five mile we com tae an yale house, whaar ther wor tae be Cock-feighten, for it wur pankeak Tuesday; thear stewd at dure three young men; I kent em aw. Whaars tae gaain?" ses they, "to Sebber," sed I: "What mes tae cum this way?" "ive summet tae leaav," sed I; "what haesta ith cart?" sed they, "woo," sed I; "woo," sed they, an wie that they com abaut it. I naw began to be freetend; yan on em tewk haud oma, an sweaar I sud drink wie em, tother twea gat haad oth horse; they pood me toth yal house dure, and cood for a quart of yale, an a dram int, an we hed sean dun; I offerd to pay for it, but they swaar I sud pay for neist; just then awr Bet snees'd, and they hard her. "Aye, whats that," says Joan Scapin, a raskot, et hes leevt ea varra gud pleaces, but can bide ith nin, hees sea drucken; "what toth dule hes tae gitten amang woo? it

mun be alive, but weel see hawivver; wie
that I tewk haad oth meear an offerd tae
drive on, but they ran toth a——e et cart,
an tornd upth claith, an saw Bet. Lord
how they laft, an fleerd, an bullied.
" Woo!" sed yan; " woo!" sed another,
" pure soft woo, weel teaas it a bit; "an
Scapin gat intul th cart. Bet wur a
brave staut lass, an clickd haad ea Scapin
beeth collar, an flang him awt; an he leet
on his back, an biack his heaad on a steaan,
it bled fearfully, he gat up an streak at
me, I streak agayn, an they oa three set
omea. Bet lowpt awt oth cart, an tewk
my part, an we fout for sum time, but we
fairly dreave em towart hause; they coad
her awth whoors they cud think on, an
me awth baads; it vext her sae ill, that
she fetchd Scapin sic a drive I thout she
hed kilt him; he bled at noase an mauth,
an wor a terrable seet. lanlord an wife
com an tewk agayn us; lanleady sed I
mud be shamd on mysel to offer tae gang
away, an nit to pay for th yale; I sed "I
nivver meant but tae pay fort, but I wur

sae vext wie them leakin intul th cart;" "thau ert a dirty lairly," sed she, "tae cary whoors up an dawn th cuntry, an becaus twea or three young fellos hed a mind tae leak intul th cart, thau mun knock ther een up, than, an cheat poor fowk ca ther due." Poor Bet hed her cap an neckclath pood off, her noase brosen, an leakt like a mad thing; I wur fearful feard they mud hae hurt her or her barn; she hed brosen twea oa their noases, an peyld their feaces black an blue; an pood off heal handfuls of haar. I gat her intul th cart, an set off as fast as I cud drive; when we hed gean abaut a mile, I saa a lile well at bottom on a hill; I telt Bet I wad drive tae it, an she mud wesh hersel, "dud I think they wad follow us," I sed "nay I thout imme hart they hed gitten enuff;" when we com tae it, she gat awt, wesht her feace an neck, camd her haar, an tewk a clean cap, an neckclath, an happron, awt on her box, an lockt up her riven rags, an they wur aw blead beside. My blaws hed meaad me heaad wark fearfully, an I cud hardly see omea een; an we thout it began tae be ameaast nean, we wur baith on us varra seekly. I saw a yale hause, an telt Bet, she bad me gang tult, an see if we cud hev onny dinner; th woman sed she hed gud beef an bacon colops, an pankeaks, I I went an telt Bet, she gat awt an com in; I eshd for a privat roum, but nea yan et hed a fire in but th hause. I went tae leak hefter me mear, when a lile barn com tae me an sed, "yee mun cum in, th womans fawn owar;" I ran in, freetend awt omea wits, an fand Bet in a soon; th lanleady wur a varra graadly body, she laasd her stays, slat watter in her feace, an brout her to her sel, meaad her tak sum brandy, en she wur sean better, and hit her dinner varra weel. We set off as sean hes we hed awr dinner, an we hed twea quarts of yale at dinner, an I thout Bet drank varra mitch for a young woman. I payd awr racknin, an we set off agayn, an dud varra weel abaut twea mile, when we met sum lads an lasses, ganging to kest their pankeaks, they com abaut me lik bees, an oa at yance eshd what I hed gitten imme cart, I sed wild beasts, an if yee dunnet gang yaur ways I'll hoppen th dure omea cart, an let omea lyons an dragons awt; they steud starein at me, an Bet, ith inside, fetchd a girt greaan, an gloard at em thro a lile heole ith claith, it freetend em, they set a runnin as fast as their legs wad let em, which varra weel pleasd Bet an me; an we draave on till abaut a mile off Temple Saurby.

*Mary.* Belike man yee hed nae mair mishaps.

*Stranger.* They wur but beginnin woman! Why as I sed we wur abaut a mile off Temple Saurby, when a sargant an drummer, an ya souger, owar teuk us; "haw far this way friend?" sed they, "to th neisht village," sed I; "what hae yee gitten ca yer cart?" sed they, "wild beasts," sed I; "let us leak at em," sed they, an weel gie the a hoopenny a piece; "nay sed I, they er tae hoangry tae be leakd at naw, yee may see em when they cum toth far end;" wie that they went on, an I sed laa dawn tae Bet, I wur fearful fain we hed gitten rid on em; wie that she set up a girt shaut ea laffin, an they lewkd back, an steud still, I sed they hev hard thee for sartin, they er cummin back agayn; I quite didderd for fear; th sargant com up an sed, dud my wild beasts laf? dud I kna it wer condemnation tae owar sea for making gam on his madgestys cumanders by land or seaas; an he leakt sae terrably I war ready tae soond; I thout they wad tak me for a souger for sure. While he taukd tae me, tother twea pood upth claith an leakt intulth cart, an sweaar she wur a reet conny lass an they wad hev a kiss on her, an they baith lowpt intulth cart, an I thout Bet leakt weel enuff pleaast; an they oa raaid ith cart tul we com toth spot whaar I set Bet dawn, for I fand it awt varra sean; I then tewkt mear an went toth yale hause an gat sum gud hay an three pennerth a corn, an while she hit it I went intulth hause, but it wur a weary gangin in for me, an I'll nivver gang intul onny hause whaar ther is sougers while my neaam is Joan.

*Ann.* They er wicked fellos for sure, theyl dea awt tae git poor lads listed, yan oa my barns hed likt tae been taen wie em, he gat awt on a lile windaw, an left a bran span new hat, worth hoaf a crawn, an ran o'th way frae Kendal tae Sizer, afore he ivver leakt back, he hed welly brosen his sel wie runnin frae thor varmant.

*Stranger.* Well, whileth awd mear wur hittin I went intulth hause, thear wur a varra gud fire, I cood for a pint a yale, while I wur drinkin it, in com thor sougers an seet dawn beeth fire, and esht me if I wad sarve the king, they wad meaak me a captain sean? I sed nay I hed nae thouts ont yet; they cood for punch, an listed yan befoar me feace; I wad net drink wie em ner hae nowt tae dea wie kings stuff; lass oth hause com wie a lock ea peats toth fire, an they gav her a jow an she fell on my knee, an dang my hat off; th sargant clapt his omme heaad, an sed naw yee hev worn his madjestys livery, yee er listed ; I pood it off an scund it upth flear, and ran toth dure as fast as ea cud, but he wur sean hefter me, gat haad omme be me shirt neck, an hod me sae fast I thout he wad throple me ; when ea cud speak I esht him what he wanted wie me, he sed I hed listed, and he wad mak me gang alang wie him afoar a Justass to to swear ; I wur sadly freetend an whakerd ea ivvery lim, nay I tremelt sae I cud net stand, sargant clapt me oth back an sed, " currage man, I'll meaak the a genral," I sed, "pleaas yee sir ise a sarvant, an if I dunnet carryth mear back tae neet my maister will hang me, for he will swear I hae stown her, an hees a fearful awful man, as onny yan that knaas him can tell yee ;" he laft, an sed if he com he wad list him teya, then cursed an sweaar terrably, "for as to thee," said he, "thau ert fairly listed as onny man ean be ith varsal ward, he wod stand teat." I wor ameast beside mysel, an it wur naw neen a clock at neet, I hed roard an begd an

prayd an toth nae end, I bethout mea I wad git sum yan tae rite a letter tae me maister, an send him word haw I wor off, an for him tae cum an fetch th mear. I esht lanlord if I cud git onny yan tae rite for me, he sed "aye tomorn, but nin toneet." We drank till midneet, for they wad nit let me gang awt oth their seet; we hed a gay good bed, but I wur sea fearful uneaasy imme mind I cud nit sleep; abaut four a clock th lass ath hause crapt intoth loft wie a resh canel; thear wor twea beds, th sargant an I ligd ith yan, an th twea sougers ith tudder; she leakd ith yan, then ith tudder, then sed laa dawn tae me, "git up," I crept awt a bed varra soaftly an dond mesel, steaal quietly awt oth loft an dawn stairs intoth hause; she sed "here sup thor podish, I hev yoakt theeth cart, an git off wie the as fast as tae can; their is hoaf a crawn for the tae pay, but thau hed better pay that than be a souger, an if thau hesent sae mitch abaut thee, I'll lig it dawn for the an we mappen meet at Kendal or Warton
D

fair, an thau may gie it me agayn, for ise
wae tae see haw thau wor turmoild wie
thor varmant oth sougers, they er th rot-
tenst lairlys et ivver com ea enny hause."
I thankt her monny a time, payd hoaf a
crawn, en gav her sixpence for tae buy
her a riban, an set off as hard as I cud
drive heaam, an thout like me maister
wad be gayle weel content when he hard
haw it wur wie me, but when I gat heaam
he wur gean awt, an awr Mal telt me haw
he hed hard haw that Scapin met us at
sine oth Jolly Boutchers, an that like I
meaad sines for em tae leak intul me cart,
an that I tewk agayn Bet, an he fell in-
tul a girt pashon, an sweaar he wad trans-
port me, for he was sure I hed stown th
mear, an run away wie her, an he towd
her when he went awt, he wur gangin awt,
that he wur gaain tae git a commandment
tae tak me onny whaar er ea onny spot
whaar ivver he fand me ea o'th caunty;
she sed she thout like I'd best gang away
awt on his gaait, an she wad gie me a lile
pye, an sum chees an bread, an a quart

both ta drink; I tewk what brass I hed an she wad send me claiths tae me mudders; I telt her haw it aw wor, at she mud tell me maister. We tewk a sorrowful fareweel, an I set off tay cum owar th fels, an I wor twea heaal days an twea heaal neets on em tul I wur ameaast clamd an starvd tae deaath, an ameaast freetend awt omme wits wie sic a terrable boggart as I beleev nivver onny yan saa befoar, may th varra thouts ont meyas me back beaan wark.

*Mary.* Whya, marcy on us! yee hed ea maks a trubble, whaar saa yee it? what wur it like? what shap wur it in?

*Ann.* Aye, pleia tell us what yee saa, what wur it like a coaf? I kna a man at wur sadly flayd with a boggart like a coaf, an it mood fearfully, an steaad haurs be him, chewing it cud.

*Mary.* It mappen wur a coaf.

*Stranger.* Whya, mappen it wur, but this at I saa wur twenty times as big as a coaf. I hed geaan twea days an a neet owar thor fels an cud feend nea way off em ea this side; I war sae teerd wie maander-

D 2

in up an dawn an teaavin ith ling, I laaid
me dawn on a breaad scar, an sean fel a-
asleep, tul summet weaaked me varra caad
omme feace, I leakt up an summet stead
gloarin at me as big as a girt bull, an sic
a par oa saucer een, as wad hae flayd the
dule his sel, hed he seen it, ise sartan; I
hofferd tae git up but I cudnt stand, it
nivver stird but stead gloarin imme feace;
an then seat up sic a roar as wad hae flayd
twenty men, an reerd it sel eun up; I cud
see it wur oa owar black, an twea horns as
as girt as onny bulls; I shut me een an
hoppend em monny times, to see if it wad
gang away, for I hev hard fowk say if yee
shut yer een a spirit will vanish, but it
nivver stirt, but stead a lang while, then
laaid it dawn abaut ten yards frae me; I
then thout for sure I sud dee wie freet, an
wisht mesel back wie me maister. Haw
mony hawers it ligd thear I kna net, but
when it wur leet it hed tornd itsel intul a
girt black teap; I wur then warse freetend
beeth hoaf, for I wur sartan it cud be
nowt but the dule et cud torn his sel intul

onny shap. I raasd mesel up but I whakerd fearfully, me knees knockt yan agayn tudder, an I crap quietly by it, an tewk dawn th fell as fast as ea cud; I hed gitten abaut five hundred yerds frae it when I thout I wad leak behint me, an see if it stird, but marcy on us! it wur within a yerd omme, then I cud bide nae langer, I tumelt owar an reard awt fearfully, I thout then it wur awd Nick cum for me, et me maister hed geaan toth wise man tae kna whaar I wur an that he hed sent the dule hefter me tae bring me back; I thout I wad torn agayn, for it dud nit matter gangin onny farther. I leakt up an saa a hause abaut hoaf a mile fra me; I creaap a girt way omme hands, for I hed nit pawer tae git up, an was terrable feard tae leak back et last I dud an it wur clean geaan; I wur nivver eae fain ea ea me born days, I seaa gat up an ran toth hause, it wur a yale hause an a reet graadly body she wur at leert at it; I gat a pint a yale an sum cheea an bread, I telt her haw I hed been flayd, an she sed thar wor flayin oa thor fells, she hersel hed yance been sadly freetend, she saw a horse wie awt a heaad, on that varra spot whaar I wur sae flayd, an she sed she wad net gang on it ath neet for aw Sebber, for a man yance steaal a horse an morderd it ite top a thor fells, an it spirit hes oways haunted that spot ivver sen; sumtimes like a horse, sumtimes like a teap, an oft like a man wie awt a heaad; yee may think haw flayd I wur when she telt me oa this; she sed she thout I hed better stay oa neet an set off this mornin, I dud sae, en hed a gud neets sleep, or I sud hae been quite kilt, ise sartan. An naw if yee can shoo me th way intul Laa Fornass ise bee mitch behouden tae yee, ise net be laag awt oa wark I racken, an I think beeth heaam oth ward it ligs sumwhaar yonder, if I cud but git owar this watter ise sean feend it awt, an I hoap ise net be lang ea gittin a spot.

*Ann.* Lord barn! yee need nit gang tae Laa Fornass, for wark, hears fowk enow hear et will employ yee.

*Stranger.* If ea thout sea I'd stay, but whaar mun I gang tae git wark? yee mun help me tea it, I ken nae yan ea this spot.

*Mary.* Thau cudnt a leet on a better body than Ann, she kens awth girt farmers raund, an will git the intul sum spot.

*Ann.* Aye, thau mun stay hear aw neet, and toth morn ise find tea a maister, a goddil! thears a merry neet at awr neist nebbors tae neet, an thau may gang the way an git a sweetheart, it will chear the a bit, what says tae?

*Stranger.* I haa nin omme donsin shoon I wod I hed, for ise reckond a fearful top donser at heaam, an ise terrable keen ont, I nivver miss a merry-neet for ten mile raund; awe awr kin is rackend girt featers, I think imme mind I cud bang awth ward in a hornpipe, an ise a top hand at a jig an a reel, nin ea awr parts can top me, nay I bangd th maister et com tae Hougil, at his boll, an thear wur a fearful grand man et com fra a spot welly be Lunon, an ea cood me tea him, an sed "me lad, thau ert best donser I ivver saw ea oa me time," then sed he, dud tae ivver donse on a stage? I sed "nay," he sed, if I wur thee I'd gang toth Hopera Hause," I think he coad it, "thau mud git a hundreth a year, for donsin for th king."

*Ann.* Why dunnet yee, whya yee er a boarn foal, wad I cud donse an wor young, I'd gang mesel, whya lad thau mud meaak the fortun.

*Mary.* An yet yee er agayn me gangin onny whaar ith ward.

*Ann.* Whar toth duke wod tae gang, is tae net wed an gitten barns abaut tae, hang the for a lairly, stay at heaam an be content, mind tea tow spinnin, an let me hear nae mair othee meggats ea runnin frae the ane heaam. Cum lad, ise tak thee amang young fowk, yeell sean kna yan anudder.

*Stranger.* Aye, ise sean ken em, ise nae way swamas.

*Ann.* Fareweel Mary, ise coo an see

thee neist week, ise cum yaur way, an I'll bring a bit a tee imme pocket, an a white leaaf, an weel hev a swoop a tee tegidder, an nivver heed Joan.

*Mary.* Ise be varra fain tae sea yee, for I hae nea yan tae hoppen mesel teaa but yee. Farweel Ann.

END OF DIALOGUE FIRST.

## DIALOGUE II.
BETWEEN
# BETTY, AGGY,
AND
# JENNET,
*Upon the loss of a Husband.*

*Betty.* WHYA haw er yee oa hear, I wod hae cum et seaa afoar naw, but it hes been sae caad, I wur terrable feard a meaakin mesel badly agayn, en ive hed a fearful time ont for sure.

*Aggy.* Yes hev indeed, an yee leak fearful badly; cum an sit yee dawn ith neak, en keep yersel warm.

*Jennet.* Let me sweep upth fire-side, this rotten tow measks aw dirt: dunnet sit thear Betty, for when th dure hoppens awth seat an th reek ed blaw en yer feace; kem awt yer haar mudder, an put on yer cap, what a seet yee er.

*Aggy.* Dear me barn, I dunnet mitch heed mesel, I hae lost oa me cumfort ea this ward.

*Betty.* Aye, here hes been a girt awteration sen I war here.

*Aggy.* Aye, waist emme! I hev hed a saar loss, I hev parted wie a varra gud husband, oh dear! oh! oh!

*Betty.* What yee munnet greet, but mack yersel content, its GOD's will; we mun oa gang yaa time er udder, I racken.

*Jennet.* I oft tell me mudder shees rang tae freat, monny a yane wass of than us, shees a varra gud hause, en twea conny fields; a moss an a varra gud garth; four kaws, a coaf, a galloway, twenty sheep,

en a varra gud swine, et dunnet want a-
boon a week ea been fat enuff tae kill; we
hae baith meal and maut ith kist, en a bit
ea a flick a bacon, beside a net ful a fleeks,
en plenty a potates; soa then yee kna
ther can be nae want.

*Betty.* Ise fain et hear it, en thau mun
sta et heaam, en be a gud lass, en cumfert
the mudder, en keep the sel unwed en tae
can.

*Jennet.* Ise dea me best.

*Betty.* What il yee keep awth swine, er
yeel sell sum ont, yee can nivver dea wie
it oa.

*Aggy.* Nay, ise sell o'th legs an a flick,
en keepth rest. Ive a deal tae think on
naw sen I lost my poor man, he oways u-
sed tae butch it his sel, but now I mun
pay for it been dun. Nae weast me! what
a girt loss I hev on him; he was sean gean
ith end, thof he hed meand him this hoaf
year en hed a girt caadness in his heaad,
en wod oft tak awt his pocket neck-clath
an lig it on his heaad, en he thout it
meaad it yeasy; I sewd him flanin in his

neet cap, but oa wod nit dea, I wod fain hev hed him tae hed a docter, but nin oa his side, neither men fowk nor wimen ivver hed yan, en he wod bring up nea new customs, en I racken they cud hev dun him nae gud.

*Betty.* Nea net they, they er fit for nin but girt fowk, et hes brass enuff tae gie em; when my lile barn was bornt, et it varra guts wur seen, we sent for yan, en what she deed, en monny a yan sed, en I hed ligd enuff a porpess oil, she wod hae ment. What ye er for mackin saals er net yee? ea sum eth ky en sheep.

*Aggy.* Aye, I hev maar en I can dea wie, I'll keep nowt but yaa kaw an dth galoway, it el be far less trubble, I cannot dea wieth land; a woman is whaint ill of when she is left aleaan, but me cusen Giles promises tae dea for mea.

*Betty.* Hees rackend a varra graadly man; but hes your maister meaad a will; ther el nit be sa mitch trubble, en fowk saes he hes left yee a fearful rich weedo, en yer dowter a varra mensful porshon.

*Aggry.* Aye, we'er left varra connoly, en she dea but mind hersel, en net thra hersel oway a sum lairly fello.

*Jennet.* I'll hae nin, I'll thra mesel oway a nin; noder bad ner gud; I'll lake a bit ith ward afore e tee mesel tae sorro.

*Betty.* Whya mind et tae dus. I hov a girt favor tae esh on yee, will yee preia sell me a goos, summet hes worried yan ev ours, we fand it rivven tae bits, an liggin ath middin; I saa yaurs es e com in an they leak varra fat, en a fearful stegg yee hev for sure.

*Aggry.* Yees hev a goos en welcom, I selt om et hoaf a crawn a piece at Lankester, en we hed a varra girt flock.

*Betty.* I think yee oways hev; we hex hed weary luck wie our daum things this yeer; we hed twea fine cocks gat tagidder, en yan kilt tudder, I cud hae selt yan on em tae fout at Beetham cock feights, for hoaf a crawn; then goos was rivven tae bits, fox gat four hens, a dog et com throuth faud raav a duck heaad of, en tummelt owar a girt pot wie best wort in,

E

I hed set ewt tae gang caad, brack pot,
spilt drink; It wur weary wark, I thout
ea sud hae geaan craasy, I wur sae rotten
head.

*Aggy.* Cum lass settle wheel by, an git
tae the sewin, en git me caps meaad, than
mun lig braaid hems ath borders; I wur
forst tae by new black, baith for her an
mesel.

*Betty.* Whya nowt but weel, yee hev
enuff tae by wie. Thear wur a paur a
fowk et berrin I hard, en ye gat meat for
em awe; ye mud hev a paur a cooks, I
wur whamt sorry et e cud net cum.

*Aggy.* I wur fearful wae et yee wur
badly, I sud hae been glad tae see yee a-
mang fowk, we hed been lang nebbors, en
I kent yee ivver sen we war lile lasses, en
oways liekt yee. Theat wur plenty ea oa
macks ea meet, an varra weel gitten, var-
ra gud pyes an rare puddins, full ea rai-
sens en corrons, better wur nivver meaad
c aw Beetham parish; ise sure.

*Betty.* I haard awe wur fearful gud, an
a varra mannerly berrin it war; nay I

mun tell yee what me cusen Tomy sed when he com heaam, he sed, says her yon weedo is tae conny a body, he sed tae be lang a weedo, says he, lads el be hester her sean, she leeks younger than her dowter.

*Aggy.* Oh Betty! I nivver can think on a nudder husband, ise sure barn ise dee on a broeken heart, haw sud the cusen Thomas tank abaut me, hees a weedo his sel, en mun kna what sorre yan mud be in tae be sure if I thout a weddin agayn, I hed as leev tak him as onny yan I kna. Cum lass put tee kettle on, I think nowt ea sweet-harts, its fearful queer the cusen sud tauk a me.

*Jennet.* Mun e maak a bit a breaad mudder?

*Aggy.* Aye barn, an maak it gud, for ise reet fain tae see Betty, shees a girt stranger.

*Betty.* Whya for sure I wod net hae been sae lang but through bein badly, en I wur yext at awr lass weddin, en we hed twea kaws pickt coaf, en yaa thing er udder maad me warse en e sud hae been.

*Jennet.* E pfeia wur it true 'et Tom wod hardly hev her?

*Aggy.* Awt on him, wha wur sae likely, when he hed gitten her a barn?

*Betty.* Yee say truly Aggy, but I daut hees nowt et dow, for her fadder gav her forty paund, en he wod hardly hev her then, but he behaavs varra weel sen, an I hope theyl dea; what he fishes, an she spins tow, tae be sure she cannot git mich wie a lile barn; I gie her a swoap a milk en a heap ea potates, naw an tan, en monny an hodd thing, yan cannit help draain tother the barn.

*Aggy.* Nay haw sud they.

*Betty.* Whya oa my barns is wed naw, baath lad en lass, they wur clever sarvants; as toth lasses ise sure nin cud top em, eider for milkness, or in dure wark, baath Mary an Nelly hes led shearin field when thear wur twenty men, an shear till sweat brast throu their stays, they wod hae been brosen afore they wod hae been bangd.

*Aggy.* Aye they wur good workers, they hed fearful spirits, nowt feard em, but I think sum on em is mitch awterd sen they wur wed.

*Jennet.* Aye for sure it wad flay yan frae weddin tae leak at em, tae see haw their turmoild wie barns an warks, en lile tae dea on; I'll nivver leaav me mudder, I'll stay wie her, nae weddin for me, I'll be nae mans drudge.

*Aggy.* Sic maupment thau tauks, thau mun stay tulth reet an cums, heel tak nae nay barn.

*Betty.* But what el Dickey say tae that, for I hard hees fearful fond on the, en lowpt rannd the like a young teap, that neet, yee wur at a merry-meet tagidder.

*Jennet.* He may sit ath middin unstown for me; ise for nae Dickeys ner Richards neider.

*Betty.* What taws mappen fer Joany, he hes a conny hause weel set tae tak the teea, kaws en sheep, boos swept en band hung up; a thau ert a reet fause gn.

*Jennet.* Nay ise for nin on em, I kna when ise weel, I'll gang tae bed maister on git up deam.

E 3

*Betty.* Whya reet ehuff en tae can but hod a that mind it may dea, but that'l nit like et be cood en aud maid; leak at me cusen Jennet, she may norse barns in her doat-age, en put her spectacles on tae don em.

*Aggy.* Aye for sure she wor groon aud, what then, yans like tae stay tul yans time cums; but they say hees a reet farrantly fello; soa yee see theirs luck e'leiser.

*Betty.* Aye, awr Tom wur at Lankester ya Seterday, en he sed he wur thear wie butter an eggs; markets hes been terrable laa this lang time, hardly worth gangin tëea; but it wur size, en wur a varra lieftel market, en et wur a wunder.

*Aggy.* Aye barn its this Irish butter et cums fraeth awt lands, its a sham tae let it cum tae foeth markets soa, butth girt fowk aboon, dont mindth paur fowk belaw, er else yee kna they mud send it tae French or Scotch.

*Betty.* Aye for sure, but I racken th king hes been fearful badly, en soa things hes gaan rang, en he cud net order es he used to dea, for ye kna tul he wur badly things wur net a thissen; GOD send him better say I.

*Aggy.* Amen. If he sud dee wha mun be king then? is ter onny aboon Lord Darby? will he be king? I sud think that mud dea weel for Beetham Parish, weest happen git an organ then.

*Jennet.* Lord mudder, he hes barns enow on his aine; hees a matter on a dusen; dunnet yee kna I wur reedin 'em ith Almanack, ya Sunday, when it raind?

*Aggy.* I thout them hed been sum udder kings barns, they hed sic autlandish neaams, that I cud net coo em.

*Betty.* Lord woman! girt fowk coos ther barns sic heathenish neaams hes wod flay yan; whya me cusen Ann, et leevs e Lunon, welly beeth kings hause, brout a barn dawn wie her, et she cood Ariet, I wur quite wae et she dud net coo it Margery, hefter her mudder, wha wur a varra graadily body.

*Aggy.* What wur it a lad or lass ea prida?

*Betty.* Nay it wur a leet for sure !

*Aggy.* Lord bless us ! what a neame, en she leevd e this cuntry she wod hev Ariets enow.

*Jennett.* What yaur nebbers gangin tae wed, I hear.

*Betty.* Wae worth her, et cannit mack hersel contented wie her barns, but she mun hev a man tae git her maar, an she may mentain them an him teea, for heel work nin, I daut.

*Aggy.* Sure thear is nowt sae simple es weedos, they nivver kna when th er weel, if she wed hiim sheel dra hersel tae a pajur oa sorro, sheel kna nae end ont e this ward, I daut.

*Betty.* Marry, en awe be true ets taukd she may be glad en heel hev her, she hes put it awt on her paur ta say him nay.

*Aggy.* Lord barn ! what is gum amang wimmen an lasses e this parish ? I think the dule hes thrawn his club owar em, they er oa gaan craisy, they er shamful, nin on em wed but they hev their happron up, modesty is clean gean awt oth cuntry, it wur nit sae when yee an I wor young; I kna nit whaaath faut is, I wod it cud be fund awt.

*Betty.* Aye soa deya I, but they mind nowt but donnin thersels, en gangin fra hause tae hause, hearin news an mellin ea ther nebbors, an gittin sweetharts, an when they gang toth kirk they mind nin oth parson, they cannit keep ther cen hoppen, they been up oa neet wie sum lad, they tak mair pastime ea what they see ith kirk-garth, then what they hear ith kirk.

*Aggy.* I think yaa girt faut is, fowk dunnet keep their barns enuff under when they er young, for I kna monny et el torse their fadder an mudder, an bid em dea it thersel. Naw preia what et dow can cum oa sic like mismannerd deins, it mun end ea sorre, for I kna nit what side toth bleaam.

*Betty.* What er yee begun tae greaav peats yet?

*Aggy.* Nay barn, oas soa wet et I think its tae sean, beside me cusen Toms tae greaav em for me, en he is ivvery day

cookl skeer, for yee kna, I hev nowt naw
but a hirein, en ea. watt twea or three
fleaks naw I mun by em; oh! waba me;
I'se badly off for strae, I nyver knew
what it wor tae by a fleak sen I wor wed,
naw gangin ea forty yeer.

*Betty.* Whya, whya, yeel tak better
teaat hefter a bit, summer is cummin in,
yeel git awt a dures, en yeel nit be sae
dowly, yeel see. I wod baith yee an Jen-
net wad cum tae awr hause neist monday,
awr Mary is gaain tae twilt a yallo linsey
twilt, an awth young fowk is cummin tae
help, an varra conny it et be, its her ane
spinnin baith linnen an th woon, an it left
on her cortans, en she meaad em up varra
grand wie leace, en tae dra rund, I
wod hae hed her tae set bed toth woe, but
she wodnt, she wur tath praud, en likes
toth be like quality mak.

*Aggy.* Whya nowt but weel, she seems
a varra conny fusom wife, en I hear they
hoffer et dea varra weel, en baith draas
yaa way, en gitten ther lile farm varra
connoly stookt, en her fodder I reckеn
hes been varra gud tae hex.

*Betty.* He hes dun tull em oa alike, he gav em, lad en lass, forty paund a piece, toth set em foret ith ward, we thout it wur better then keepin it till we deed; we sud see haw they hofferd, an it wad be better then keepin em ea poverty, an makin em wish for awr death.

*Aggy.* Toth be sure, young fowk is oft kept dawn ith ward when they wed, an fadder fowk will net help em, an a deel a barns, what can they dea? naw yaurs may git while they er young, an seaav sumet agayn they er aud.

*Betty.* Whya, we hev dun awr part ise sure, yee kna we mun tak care oa aursels, we er grooin aud en cannit be thout tae work es we hev dun.

*Jennett.* Cum will yee torn toth teaable? and git sum tea, an tak sum oa this breead while its warm.

*Betty.* Ise sorry yee sud put yersel soa mitch awt oth way for me; this is varra gud breaad, Jennet, I think thau hes put butter int.

*Aggy.* Ise reet fain yee think it gud,

thear naa yan isé sac fain tacth see es yee, ive oft taukt on yee, an aur lass an I wur for cumin et see yee neist Sunday, for sure.

*Betty.* Cum what day yee will, yees be welcom, nae yan mair soa; what thaus leakin ith cup, what can thau see, thaul nivver wed, whats tae leakin at?

*Jennet.* What can yan see nowt but sweetharts, think yee?

*Aggy.* Thats what meast et young fowk leaks for naw a days.

*Jennet.* Whya mudder, diddnt they when yee wor young?

*Betty.* Aye, aye, we hev oa been foalish in aur time; dunnet torn me dish up barn, ise welly brosen for sure.

*Aggy.* Nay yees hev anudder dish for sure, what sinifies six or sewen a thor lile dishes, cum tak a bit a mair brecad.

*Betty.* For sure I hev hitten an drunk tul ca sweat leak, haw it runs dawn me feace, ise sham me sel.

*Jennet.* A prei mak free, yee er welcom yee kna, an weel cum an see yee a Sunday, I think ittel be better than Monday, mudder.

*Aggy.* Whya I knaanet but it may; what yee er nit gaain yet sure.

*Betty.* Whya I mun be like beggars, hes sean as I hev gitten what ea can, I mun gang, for awr aud fello is soa lenam ivver senth galoway ran oway wie him, an dang him off, an he leet on a braid scar, just beeth well; it wor a marcy it dudnt thra him in, he mud hae been drownt fot sure.

*Aggy.* Haw leet it preia, dud it ivver run oway afore?

*Betty.* Nay barn, but he was cumin heaam, just ith mirk ath neet, he hed been at smiddy tae git it shod, eh ea cumin dawnth loan, that plaigy dannet, Bil Watson, clatterd his clogs, an flayd galoway, et it set off a gallop an thraad him off.

*Jennet.* Hang him for a lairly ugly, dud he help him up er haw gat he heaam.

*Betty.* He help him up! nit he, hang him! awr lass hed been ath shop, for a quartern ea hops, en hard him mean hissel, et first she wur flayd, en steaad still

F

toth harken, but she sean fand it wur her fadder, she gat him up, an draad him heaam a sum fashon, I thout ea sud a soond et seet on him, I wur sae flayd, he hed hort his shouder varra ill, en his back; I rubd him wie porpass oil, en he ligd ea bed ameast a week.

*Aggy.* An varra weel it wur nea wars, he mud a brocken a lim er twea.

*Betty.* Aye that he mud, en he hes nivver kessen it, ner nivver will ea this ward, I daut, for hees a girt age, welly four score, awe but far sewen. What a girt net a fleaks yee hev, we hev nit hed yan ith awr hause this twea months, awr aud man cannit gang toth sand naw, hees sae leaam, en they mak awt monny a meaal.

*Aggy.* They dea indeed, I'd leever be wieaut hout then fleaks, I oaways thinkth chimly leaks varra bare when thears nea fleaks int, beside I think they leak varra bonny, when they er ith sticks, but I hev been oaways used tul em sen I wor wed, but thats oa owar naw, I nae yan tae git onny for me.

*Jennet.* Here Betty, tak thor twea or three heaam wie yee, theyl be a neak of a novelty for yee.

*Betty.* Whya thank yee, but ise flayd I rob yee, ittel happen be a girt bit afore yee git onny mair. Whats tae gaain tae dea?

*Aggy.* Yee mun sup a swoap a rum wie me, ittel nit hort yee barn.

*Betty.* Whya en ea mun, ea mun, heres tae awr varra gud healths; its fearful strang, I daut ittel maak me drunk.

*Aggy.* Nit it.

*Betty.* Whya faar yee weel, en ise expect tae see yee a sunday: its a fine ewn nin but its a sort a caad.

*Aggy.* Whya faar weel, an I wish yee weel heaam.

*Betty.* Whya gud neet en thank yee for me; I'll send forth goos neist week, wie awr lass, awt aud fello is soa leam he can dea nowt but rive taas for whiskets an teanales.

*Aggy.* Whya varra weel, yees hev it onny time.

*END OF DIALOGUE SECOND.*

## DIALOGUE III.

BETWEEN

# SARAH & JENNET.

OR THE

*Humours of a Coquet in low life displayed.*

*Sarah.* LORD! what a stranger; wha thout tae seen yee hear! I langd tae see the, ive a paur tae tell the.

*Jennet.* I wad hae cum lang sen but for this plagy shakin, it meyas me sae wake I can hardly dra yaa foat afore tudder.

*Sarah.* Waist hart! its a terrable bad thing when it fairly gits had oa yan. What yee hard I wor at weddin I racken.

*Jennet.* Aye an kirsennin teea, an feight hefter awe.

*Sarah.* Sic deains wor nivver seen ea awe Beetham parish; ise glad yee er cum this hefter-nean, for awr aud fowks gane toth berrin oa me noant's son's wife's grondy, sae we can hev a bit a tauk tea awr sels.'

*Jennet.* Ise reet fain ise cum this hefter-neau, awr fowks oa atth moss; cum I lang tae hear abaut this weddin.

*Sarah.* Lord barn! I knaanit weel whaar tae begin; thear wor neen on us set off frae this side, an we wor awe dond in awr varra best claiths yee may be sure. I hed on me new stamp gawn et ea bout a JOHN RISK, an gav him three shillin a yerd for it; me white petycoat, an me girt plaited cap and me corls, white stockins an claith shoon, an I thout I leakt varra fine. Bet hed on her stampt gawn an a fearful girt plaited cap an a neckclaith on her heaad. Barn hed a varra conny cap on, godmudder brout it frae Kendal, an varra bonny it leakt; its a conny lile lass for sure, an varra like Tom; an it wur dond awt es farrantly; I howd it while they wor wed, an I thout parson leakt varra cross, he sed when he towk th

barn, " this sud hae cum neen months
hence." We wor sadly freetend, for fear
he sud scoud us, for yee kna hees a reet
gud man, en he sed nae mair, an I thout
imme mind I wod nivver be wed while ea
leevt before ea brout mesel tae sic sham ;
ise sure we wor fearful glad when we hed
gitten it owar. We went toth yale hanse,
en hed four girt bauls a punch, an wim-
men hed caaks an terrable merry we wor,
an awe raaid heaam fearful weel ; anth
youngans raaid forth ribban; me cusen
Betty bangd awth lads an gat it for sure.
We hed a varra gud dinner at her fadders,
hefter we hed dun Tom leakt awt three
botles a rum, he hed fetchd frae Lankes-
ter, and meaad a fearful girt baul a punch,
an he leakt es if he wor fearful weel pleast
et he wor wed. Sam an Dick, Bets twea
cusens, sang monny a conny sang, an
fearful gud singers they er, I wod they
wod cum offen tae Silverdale chappel.
Whenth punch wor drank, Tom sweaar
ivvery man an' lass sud drink a girt dram,
an that lass et refused sud hev it put dawn

her throat wie a coaf horn. Wimmen meaad a girt deal a wark but it sinified nowt, for drink it they mud, en dud; an I think wie yale an punch at Beetham, their varra gud drink at dinner, an punch, an drams, we wor sum on us far geaan, an began tae be varra quarrelsum. Bets nuncle Joan hofferd tae lig five ginneas et his auld mear wod draa Tom ath hives twea caits, horses en awe, en put sum brass imme fadders hand; Sam leet et sayth mear wod draa baith horses, carts, en awe, toth dule; wie that Tom gat up an lent a girt drive at Sam, drave him agaynth chimley back, an if she hednt new laaid on a lock a mul, he wod hae been saarly bornt, he brast his noase, an what wie blead an seat, I nivyer sae sic a seet; he dud net lig lang, up he gat an tewk haad ev Tom beeth shirt neck, rave it awe dawn an throppld him, an shackt him tul he meaad him spew en amang us. Tom up wie his gripen neaf en felt Sam owar, an fel a top on him an skreengd him terrably, an if nae yan hed pood em frae tegidder, its my thouts they wod hae kilt yan anudder, they wor sae mad.

*Jennet.* Ise fearful fain I wor nit thear I'st a been freetend toth death; I hard Sam wor varra ill dun teya.

*Sarah.* It wor rang on him tae mell on em, they wor sayin nowt tae him, but when drinks in, wits awt. Toms a varra hungess fello, en he hed nae reet tae strike a bla at Sam, but he wor gayle une wie him, for he gev him twea black een an reav his fine lin shirt wie a girt hausin ruffel tae bits, an taar his new stampt vest dawn toth pocket, it wor new on ea Easter Sunday, he wor at Borton in it for th first time.

*Jennet.* Aye, but Sam spoilt his coat ith dirt ath flear, he nivver can put it on agayn tul its scaurd at Kendal.

*Sarah.* What sinifies taukin, they wor baaith toth bleaam; we wimmen tewk Sam en weshd him, as weel as we cud, baith feace en coat, an gev him sum alekar en brawn paaper tae lig on a girt caul on his braw, en ise sureth lad wor wae enuff;

as toth Tom he went away 'swearin he wod be up wie him for rivin his claiths when they wor dawn ath flear. Bet wor sae freetend she clam on tath lang teaable wie her barn, an awe us wimmen creap intoth neak beeth hooun, an stead up tul we went toth part Tom en Sam, en I hort me thaum terrably we pooin em fra tegidder, for they braaid, skrat, an fout, like mad fowk, nay for sure they beaat yan anudder; anth aud fello, et caused oath wark, creap intulth neak, he wos sae flayd.

*Jennet.* Yee cannit think what a tauk it hes mead ith nebberhood, an ivvery yan bleaams Tom, for Sams a varra soaber quiet lad. I oaways thout, an I hev knawn him monny a yeer.

*Sarah.* An may knaw him langer, fowk says he huddles the a bit, soa thaus like tae hod ea his side. Is net that true Jennet?

*Jennet.* Nea lass can be seen wie onny lad but nebbors gies it awt he huddles her. Sam el leak hier than me; yee kna heeas a staat, an nae daut el be a girt porshon, yee kna he huddles Mally, she can bring him a parrak.

*Sarah.* I omast think heel hae Jennet, she can bring mair then yan when her fadder does; he esht me atth weddin when ea saw yee; he seemd fearful wae yee hed gitten hold ath shakin, an sed yee wor a terrable conny lass, "aye," sed I, "an shees gangin tae wed a reet conny lad;" "whaas that," he sed, I sed "a reet smart young sailor, she gat in wie him when she wor at Lankester;" he leakt wae and sed nowt for a gud bit, then esht meth mans neaam, I sed "what er yee jellus Sammy," he sed "nay nit I;" but I saw he wor ameast ready tae greet, I'll be hangd en he dunnet like the, say what tae will agayn it, Jennet.

*Jennet.* Dud he gang wie yee toth merry-neet?

*Sarah.* Nae for sartan, he wor toth ill braaid tae hev onny thouts ath merry-neet.

*Jennet.* I hard et Tom puncht him an lowpt on his teaas, hees a lairly ugly as ivver wor unhangd.

*Sarah.* Aye, that he is, but hees up ith ward en cares for nae yan, an if o'th ward wor ea my mind ise care as like for him; besides staat he meaaks a paur wie his apples, plaums, an stracberrys, for hees far ivrery thing et stirs; he en his sister or a reet par ath greedy yans, an they racken his earth is as gud as onny ith parrish, an hees oways muckin it, soa yee kna itat way toth gud crops.

*Jennet.* Neaa daut. Haw com yee on atth merry-neet.

*Sarah.* Whya barn, th dule hed thrawn his club amang us that day for sartan, I gat frae yaa spot ea fuin awt tae anudden I racken we wor twenty on us lads en lasses, awe dond in awr varra best, an blind Tom wor fiddler, an a gud fiddler he is; an we donst abaut twea haurs, then they went raund en gidderd a penny a piece fraeth lasses, an toopence fraeth lads. That lairly ugly Joan, et leevs wie farmer Furrows, wad nit part wie his brass, tho he donst as mitch as onny yan, en taukd varra shamful toth wimmen, wie that young

Harry Scar tewk him beeth britches, an tumled him awt oth donsin loft dawn stairs, he sed he hed lost sum brass, but nae yan heeded him. We then began tae donsc agayn, an went on a gud bit, en monny a conny jig an reel teya; then they wor awe for cuntry donses, an we went down yan varra weel; neisht cupple et com toth top cood for seasons; when it wor playd lad cud nit lead it off, this meaad a deal a scraffle; wie that Harry Scar sed, "tak my partner, I'll gang dawnth donse an shoo thee, then thau may begin the sel," he sed he wodnt, he cud deat; they tryd monny a time, but cud meya nowt ont; "coo up anudder tune," sed Harry, "I'll nit," sedth lad, "an thause a saucy oaf for mellin omme," an sed he wad feight him if he wad gang awt oth donsin loft; wie that o'th lasses gat abaut Harry, an wad nit let him feight, an oa bleaamd tudder lad for meaakin a stir abaut nowt; an for my part I wor sae teerd I esht me cusen Ann tae let us gang heaam, for my heaad wor ready to rive wie noise an din, but tae nae purpose, she wod nit gang wieawt Harry.

*Jennet.* Like enuff, fowk saes they er gangin tae be wed; I hard hees tornd butcher, an started for his sel last Tuesday at Borton, an they hev taen a hause? an yee kna that leaks likely.

*Sarah.* Aye I racken its true, whya theyl mak a conny farrently par, en they baith dra yaa way ittal dea varra weel, shees gayly nottable, an I racken ea is part he leaaks like a varra widdersful graidly young man. Wilta hev a swoap a tee er a swoap a bortery-berry wine; yan thau sal hev, soa mak nae words laes.

*Jennet.* I hev nae occashon for nin, sae preia gie yersel nae trubble abaut fotchin me awt.

*Sarah.* Yees hev yan for sure, sae chuse?

*Jennet.* Whya barn, en ea mun I'll hev a swoap a tee, en yeel leak ith cup for me an tell me when ea mun be wed, I kna yeer a varra gud hand at fortun-tellin.

*Sarah.* Oddwhite tae, thau knaas ise nae fortun-teller, en ea cud a telt fortuns I'd ea gean nin toth donnin neet, for sartan.

*Jennet.* What time gat tea heaam, a preia?

*Sarah.* When he cudnt git Ann tae cum heaam I steaad up an hofferd tae cum mesel, when that plaigy Dick Sanders pood me on his knee; I gat up an wad gang, wie that he reaav me happron awt oth bindin, pood creak awt oth keep onme pettycoat, an tae meaak it up wieme he cood for hoaf a dusen caaks an wad meya me tae em, an wad en dud cum heaam wie me, intuloh bargin.

*Jennet.* I racken Dick dudnt like tae see onny yan huddle thee but his sel, is nit that it, lass?

*Sarah.* What yee hev hard hees yan ev my sweetharts, Lord! this ward is brimful a lees for sartan.

*Jennet.* Aye thears lees enow, but I racken thats nin.

*Sarah.* Yee may be mistaan, as weel as

udder fowks. Yee mun kna I went tae Arnside Tower, wie awr breaady toth bull, an she wod nit stand, bat set off an ran up Tawer Hill, an throuth loan, on' tae Middle barn Plane, an I befter her, til I wor welly brosen; Dick wor cumin up frae Silverdel an turned her, helpt me wie her toth bull, an then went heaam wie me, an while ea leev I'll nivyer tak a kaw mair!; tae sure it is a shamful sarvis tae send on my young woman on, en what I think imme hurt its dun ea nae spot but Beetham parsish. En frae this nekbora ses we er sweethearts.

*Jennet.* Paur lass, haw they belie it, a conny lile neat yan, it cannit bide tae be taukt on, hah! hah! hah!

*Sarah.* Nay laff en tae will; I care nowt haw monny sweetharts I hev, I satt up three neets last week wie three sendry yans, soa yee see I hev plenty.

*Jennet.* Ise whaint sorry tae hear thau er sic a maislykin, thau er hortin thee ane health, en happen for them than cares nowt for; prein leak awt yan an stick tae

G 2

him, an let awth rest gang by, yee can but maak yan a husband, an yee hae my wish et yee may takth best.

*Sarah.* Thank yee, thank yee; but yee knaath fairs cummin on, an I kna oa thor lads al treat me at fair. O it is conny spoart tae sit up in a raum window drinkin wine en brandy sack, hittin caake, en leakin inteth geaat at monny a reet nice lass et can git nae yan tae tak her in, an tae see em leak up at yan, ready tae greet wie spite an envy; oa haw I laft when I see em, an if it rain its mair pastime behoaf tae see em stand under shop windows en ea dutes droppin wet, while isa donsin dry an warm; an ifth lads git a swoap a drink an foe tae quarrelin abaut yan, its finer fun behoaf tae see twea dunces reddy tae knock yan anudders brains awt for a lass et cares nowt abaut em, its fearful merry.

*Jennet.* Thau en I er ea twea ways a thinkin, I dunnet think its for onny womans credit tae sit up wie sae monny lads; oppertunity is a fearful dangerous thing, and hes beenth dawn foa ea monny a conny lass, tak thau care er sum a thor lads idea the nae rang, mind th auld sayin, "thees weel keept et God keeps," en dunnet think sae mitch oa thee ane strength.

*Sarah.* Thau hes grown sae grave yan wad think thau wor just gangin tae luv an obay. Preia when is yaur weddin feast tae be hodden?

*Jennet.* ise cum tae invite yee naw, its tae be neisht Seterday.

*Sarah.* Is tae leein or is tae ea gud ginnin earnest?

*Jennet.* Nay for sure, fadder fowk hes meaad it up ea baith sides, en I racken Sammy an I hes nit mitch agayn it.

*Sarah.* Whya for sure yee er a sly pat, haw snug yee hae kept it; whya isa oum tath be sure.

*Jennet.* Aye, preia dea, yee mun be my brides maid, for thears nea lass I like as weel as yee. I thout nit tae been wed yet, but me fadder hed a mind tae see me settled in his life time; an he hofferd tae give us Laa Hause tae leev in, en twea crofts, enth like moss, a kaw, en a heffer, an awr grey horse, hoaf et scot hees feedin, en a flick oa baken; woo tae meaak three par a blankets en twea happins. En me mudder al spin an gie me twea dusen a tow for sheets and bord claiths, an three score paund a hard brass. Sammy thout we hed better tak em ith mind; auld fowk mun be taen ith humour yee kna.

*Sarah*. Yer fadder is a varra graidly aud fello; ise sure mine wad nit part wie a grote while he leevs; he oft says heel keep it as lang as he leevs, an if barns will wed they mun work as he hes dun; yet a lile matter frae yans fadder dus weel tae beginth ward wie, an if it wor a lile scot an twea or three guds, it wod set yan forit, for when yan hes awe tae by, an lile toth dea wie, its hard. I nivver dare wed, what thears meal poak, maut poak, groat poak, flower poak, an saut poak. I nivver dare wed while ea leev barn, for sartan, ise quite flayd.

*Jennet*. I warrant tae thaul awter e that whenth reet yan cums. Me fadder wor tae hod a hundred paund wie me mudder; but me granfadder ran back, an he nivver gat nowt frae him; when her mudder deed shee left her a shillin an a flaurd pocket, my noant Margery gat awth rest, en yee see shee hes nee yan left for it.

*Sarah.* It wor a bornin sham for sure; thee noant Margerys a nipper, she wod flea twea dules for yaa skin barn. But ise reet fain yer fadder will dea sae farrently be yee, yeel dea I warrant tae, yeel be careful an draa baith yaa way, an yan stoup toth tudder, en I racken thats best way tae leev quietly yan wie tudder.

*Jennet.* I'll dea me best tae meaak him content. When he cums heaam hees oways hev twea things reddy for him, cleenliness an gud humour, an what he brings I'll dea me best tae gar it gang es far es ea can, for I daut monny a lass loases her husbands luv wie gangin a slattern hefter weddin; I think I wod be mair conceted abaut mesel: what sinifies gittin a hart if yan cannit keep it.

*Sarah.* Thats reet barn; takt maist

pleaser at heaam, nivver gang frae hause
tae hause, gossapin an neglectin thee awn
wark; its a poar hause et deaans cannit
keep hersel deain int. I racken thaul be
thrang sewin towarts hausekeepin.

*Jennet.* Aye, wees nit gang toth aur
sels this quarter. I'se be varra thrang
spinnin for sure; me mudder hes geen me
a par a varra fine blaukets an a flaurd bor-
der she wrought at school, for a petycoat,
I hev baund em weet, an varra grand they
leak, soa yoe see ise ossin towart hause-
keepin.

*Sarah.* Whya nowt but weel, wees nit
hev th weddin an kirsennin at yaa time,
thats a cumfert.

*Jennet.* Hed Sammy ivver hofferd on-
ny thing thats mismannerd tae me, awr
courtship wad seun hae been at an end.
I damnet mean tae tauk agayn onny yan,
but I think if o'th lasses wod keepth men
at a girter distance, an nit let em tak sic
liberty as they deya, thear wod be fewer
lasses brout tae sham than thear is, ea
my mind.

*Sarah.* Nay, for sure, my noant Betty says et while lasses al tauk saucy toth men en let em tauk it ea thear hearin, lasses al dea wars, for she says a lass et al prostitute her ears, el net stick tae deyat sesam wie her body.

*Jennet.* Marry I think shees reet, for what man wad chuse a wife frae sic a gang, an whatever cumpany he keept afore weddin heed like an honnest wife.

*Sarah.* I think sae tea; thau hes behaavd thesel varra connoly while a lass, an I dunnet fear but thaul dea soa when a wife.

*Jennet.* I hoap sao; but tae gang an see me cusen Aggy an her husband, it wod quite flay yan frae ivver been weddit.

*Sarah.* Dustay think they deaa foe awt, or is it but nebbors tauk?

*Jennet.* Lord barn! I saa enuff mesel; me mudder lent her a whicknin, an we wor bawn at brew, soa I went for it; I hard a fearful noise afore ea hoppend dure; I thout tae tornd agayn, hawivver I thrast hoppend dure, an saa sic deains as wod a

welly meaad, yan hong thersel. Cheeshoast
 liggin ath flear, cream pot brocken
ea twea; cream runnin rawnd th hause, an
they twea liggin amang it, feighten, scrattin,
 an brayin yan anudder, as hard as
they cud, an ther feaces nowt but bread
an batter.

*Sarah.* Marcy on us! frae weddin say I.
Haw fell they awt, kna yee?

*Jennet.* When she saa me they gat up,
an Tom sed, " yee see cusen what a fairly
ise teed tea, this is oather ane deains, an
abaut nowt tea. I com awt oth shuppen
an esht her, hed she put me up me dinner
 an a bottle a drink, I wos gaain toth
moss; she sed I mud tak sum saur milk
an breead en be hongd, it wor tae gud for
me. She hed just takenth hoast awt oth
whey, an she threw hoast bussan, en awe
at me; mist me but dang it reet agaynth
cream-pot an brack it tae bits; I gat haad
on her, I thout she wor mad, she punched,
 scrat, an beaat; I then turned her
dawn ath flear an sweaar I wod bind her,
for ise sure shees mad, or she wod nivver

den as she dus." Sic a seet yee nivver saa, her cap pooll off, her hair hingin a-baut her een, her bed-gawn rivven, an nae neckelaith on; she coad him oath faul neaams she cud think on. I gat a spoan an streave tae seaav sum ath cream, an he an I pitkd up th hoast an what cream we cud, it hed run iutul sum hoals ith flear, soa et we seaavd a conny sweap. As tao her part, she sat it neak, shakin her foat an singin; he leakt abaut an tewk what he cud find for his dinner, an set off. I then esht forth whicknin, she coad Tom fearfully, an sed she hed a gud mind tae run oway frae him: I sed I think it wod deya better en tae cud run frae thee ane ill humour, an larn tae behave thesel dutifully tae thee ane husband, en nit meya thesel a cuntrys tauk; consider thau is tae leev thee heaal life wie this man, an tae gang on a thisen is a fearful thing, thau wants nae sence, soa preia, sed I, tak it intul consideration, an leev quietly. She gret, an seemd wae for what she hed dun, but haw she gangs on I knaanit, for I hard nowt oa her sen; I'll esh her an her husband tae my weddin, for I wur at thairs, an a goddil wees nivver dea as they dea.

*Sarah.* For sure this weddins like draa in ith lottery, thears monny blanks for yaa prize, I think imme hart thears few gud husbands. Dustay think theats yan in a score?

*Jennet.* Marry, I fear its a lottery a baith sides, thears monny bad wives, en oft a gud Jack meaaks a gud Jill, but yans like toth dea yans best when yans teed.

*Sarah.* Varra true bairn.

*Jennet.* I desire an yee see that plaigy Dick Saunders, yeel esh him tae my weddin, what if tae doont like him thau can bide him ith seam raum I racken.

*Sarah.* I care nowt abaut him.

*Jennet.* I'se glad oa that, for Sammy an hees terrable girt, an he towd Sammy he wor baun et wed wie his cusen Ann, sae yeel be rid oh him; I question but its tae be neisht week.

*Sarah.* Is tae leein; is toth joakin; preia tell truth?

*Jennet.* What ails tae, thau leaks as if thau wor gaain tae greet, thau er as white as me cap; cum preia keep up yer hart, nae yan el tak it fuy frae it, I dud it but tae try yee.

*Sarah.* Ah! hong thee for a lairly, thaus meaad me seek.

*Jennet.* Aye, I see haw yeer hodden, girt words cum off wake stomacks; what dustay forgie me lass?

*Sarah.* Aye, that ea dea, but I kna mair naw then I dud befoar, for I nivver thout I caard mitch for him, but I naw knaw I cannit bide tae part wie him, I'd be laith he knew it, it wad meaak him aboon wie his sel.

*Jennet.* Whya, as thau hes faund awt thau likes yan better then awth rest, preia send tudder tae leak for sweethart in anudder spot.

*Sarah.* I think I sal; what er yee bawn?

*Jennet.* Aye, I meaad a lang stay, awr fowk al be at heaam afore me; yee hev a paur a conny sheep aforeth dure; I forgat tae tell the I saa ea yaa field as ea

H

com throu, yaa yow be itsel, I thout it wor mappen badly.

*Sarah.* Ise set tae a bit, then ise see what ails it; me fadder gav me four lams, an last yeer they hed twea a piece, oa but yan, soa thau sees I hae summet toart a fortun; stay while ea putth key owarth dure. Naw ise reddy.

END OF DIALOGUE THIRD.

## DIALOGUE IV.

BETWEEN

# BARBARY

AND

# MARY.

*Containing observations and remarks on a journey to London.*

*Barbary.* SARTANLY! er yee gitten heaam agayn.

*Mary.* Aye, I com heaam yester neet, an I thout I wad oum tae see yee first spot ea went tea; en haw er yee awe heer? haws yaur gud man an my lile god dowter; I brout her a Lunnon laken, a conny bab.

*Barb.* Ah Lord! its fearful pratty, indeed; but yee wur tae bleaam tae put yersel tae onny cost abaut her, sheel be meaar praud on it; her fadder hes nivver been weel senth cock-feights; he gat drunk an fell ith lone, an gat caad, he meaans him fearfully-on his back.

*Mary.* Waist hart, thats bad, its brout on ruematism, I racken.

*Barb.* Aye hees sairly plaigd weet; ye leak white; haw likd yee Lunnon?

*Mary.* Nit et awe; I wad nit leev thear for awth ward; its a miry dirty spot; an sic rumbling a coaches an carts we can hardly hear yan anudder tauk; full a pride an that ets dannet.

*Barb.* Fowk tauks et yer unkle hes left yee a thausand paund; a girt porshon indeed; yeel hev sweet-harts enow, for naw a days lads is awe for lasses wie brass.

*Mary.* Ise varra thankful for my shear; I nivver expected onny thing frae him; he nivver tewk onny kennin tae me in his life time, an I leakd for nowt at his death; he hes left me cusin monny a thousand, but they er sae grand theyl kna haw tae spend it.

*Barb.* I daut paur Thomas el be thrawn awt a favor, thaul leak heer.

*Mary.* Ise be in naé hast abaut it, ise think tae weel a mesel tae hev out tae dea wie onny I kna: I hev enuff, en ae meaak gud use ont; as tae Thomas we hed a sort of a bree ont afore ea went; I think ise hev nae mait tae dea wie him.

*Barb.* When, when! sweetharts foes awt en foes in oft, yeel kiss an be frens; what was tae jellus on him, lass?

*Mary.* Yee mun kna I hed geen him me cumpany a heaal yeer, an I thout him a varra graidly lad, en I cud hev trysted mesel wie him onny whaars; but yaa neet we wur sittin tegidder, en he behaavd his sel varra unseemly tae me; I gat frae him hefter mitch scraffling, an lit up a cannel, an set it ath teaable; he eshd what that wur for, I towd him tae leak at him, I wod see if he cud for sham dea ith leet, what he hed offerd ith dark; I bid him git heaam, an nivver mair cum ea my cumpany; he leakd varra silly, an wod fain hev meaad it up, but I wodnt. Week hefter I went tae Lunnon.

*Barb.* Whye mind tesel, an thau may git a man wie a staat.

H 3

*Mary*. Whya I cud hae been wed ea Lunnon, tul a man et hed a girt shop, en dond as fine, en leakd like a squire; but I dud nit like tae leev in a tawn; he wur me cusens wife breeder, an she meaad a girt tae due for me tae hev him, but I wadnt, I hed nae mind et awe.

*Barb*. Haw likes tae Lunnon; plenty wod hae the when thau hes sae mitch money, either ith tawn er cuntry; I sud hae been whaint sorry hed tae wed that man, an stayd thear; wur tae nit afeard a gangin awt?

*Mary*. I nivver went awt be mesel, er ise sure I sud hae been lost, for yee nivver sae mair fowk at Kendal Fair, than is oways ith streets, an when we er gangin yee er sae knockd an jowd, an bemired we dirt, et yee mun hey clean stockins ivvery time yee gang awt, or yee wod be a sham tae be seen; I wur sae teerd wie waukin twea miles ith streets, nay warse then ivver I wur wie a days shearin; me cusen wur sae fat she cud nit wauk, soa we maaistly raaid.

*Barb.* What did the cusen keep a horse an a shanderee.

*Mary.* Nay, nay, nit he, we oways raaid in a coach. Whya barn yee may hire a coach ea onny street; every soul ea Lunnon rides ea coaches, howd up yer finger an theyl cum!

*Barb.* Lord! Lord! what a fine spot it mun be; what maislikins yan is nit tae gang frae heáam when yan is yourg; what fearful things thau hes seen, en I nivver mun see; I mun stay atth awd spot awe me life.

*Mary.* Nae dout but gangin frae heaam is varra pleasin, en meaaks a girt awteration in yans manners; a body knaas better haw tae carry thersel, when they er amang gentlfowk; yan leaks nit quite sae gawmin.

*Barb* En preia what dud yee see? wor yee at onny plays er merry-neets?

*Mary.* Plays! plays! aye, aye; I wur at a play, but I hard oa nae merry-neets. I wur at yaa play they cood a tragedy; me cusen an I went sean tae git a gud spot, th play hause wur bigger than Beetham kirk; we steaad a lang time atth dure befoar we cud git in, but when I dud git in I wur quite gloperd tae see sic a grand pleaase, far bigger than Beetham kirk, an set raund wie forms, an they wur sean filld wie fowk at sat as close as bees in a hive. Lord! haw I stard at em, an they keept up sic a din, et me heaad wur ready tae rive; an monny on em hed brout wine, an punch, an caaks, an oranges, an seemd varra merry; hefter a while I think imme hart thear wor forty fiddlers, an trumpets an horns, oa maks, streak up an playd a varra conny tune; then a lang green curtain wur drawn up, an a fine lang picture at reach'd fraeth top oth hause toth bottom; then it oppend ith midst an play began; it wur summet abaut yaa King killin anudder, nay he kilt him befoar awr feaces, an a varra fine awd man he wor, I cud nit help greetin he wur sae like me gronfadder.

*Barb.* En what then I preia?

*Mary.* Whya then thear com twea lile

lads, an this lairly ugly bargand wie a plaiguy dannet, tae morder em, an then he puzemd his wife, an kilt monny mair, then he went tae bed. Marcy on us! me varra flesh creeps omme bains, while I tell yee haw thor fowk, et he hed kilt raaise awt oth yearth, an steaad raund him, en thof he wor asleep he saa em, en he wrought, en greaand, en bawnced as en he hed been in a fit, at last he whackerd en wor ill flayd, wicked es he was; I cud net help being sorry for him; a bad consence mun be a sair thing tae bide; he sed he wur warse freetend wie dreamin then ever he wur ea battle.

*Barb.* Hang sic lairlys, I hev nae pity for em; what end dud he meaak?

*Mary.* Sic rappis eomonly git their due, he wur kilt be yan at was meaad king in his raum; but what vexd me warse then awt tudder, me cusen wad meaak me believe it wor awe true; Lunnoners wod threap awt intul cuntry fowk, an think they will be soft enuff tae swallow awe their lees, but she was mistane ea me.

*Barb.* Aye, they think varra life ov us.

*Mary.* It wor hardly hoaf owar whieh this lairly wur kilt; theat wor a lang pictur hung frae top oth hause tath bottom, it seem'd hoaf a haafker lang; it wur slit it midst, they drahd it a baith sides ah then we saa a fine wood, wie pictur's like raeks an scars as we see on Beetham fell, ant sun peepin awt on a dand, it shind reet on a girt egg at laid ath fleur, ah ye mud see it stir; hefter a bit it fell ea twea, an owt jumpt a life blackemoor; it thunnerd terrably, en awt oth yearth rin a droave a witches, an they leak'd at this life blackemoor, an they seem'd fearful fond oh him, an dud their spels owar him; belive yee mud see him wax, nay I tell nae lees, they gav him a wooden sword, I thout it wur liker a girt thible, ah he wur as big es a man in a minit; they charm'd this sword soa that he cud dea what he wod wie it; he wor sae pleas'd he lowpt an beald abaut like a young bull; witches steaad gloarin at him, an then sank intoth yearth; he danced abaut en wur dond like a mountebanks foal, when a site a fowk com in, wie fiddlers gangin tae a weddin, en he sumhow this black fello contrivd tae steaal th wife, et sud hae been, en gat off wie her unknane.

*Barb.* Ea my thout, she mud be a leet en, et cud sae sean awter her mind, she wur better lost then fund.

*Mary.* Aye but I racken th man thout udderwas, for he sent hefter her, ent sarvant fand her awt, an went en meaad sum meamuas tae his maister, for they nivver yan on em spaek oath time they wur then hefter him, but he sean cheated em, for whoam went thor picturs, en on at yance thear wur woaars biggin a girt grand hause; ise sure I was gloppend haw it com thear. I wur sairly flayd, black ran up streight toth top oth biggin, man hefter him; black pood out his thibel, et witches gav him, hit it a knock, daun com th hause man en awe; aye, ye gloar, but it is true for sartan: sum time I thout it mud be cunjerin an a wicked sin, but when I leakd raund an saa th king an queen, an monny a ther barns, an a deal a fine fowk beside, I thout it mud be summet like a man I yance saa at Millthrop, et cungerd money awt of yans pocket, an cut ther neckclaith an gloves ea monny bits, an when he gav it yee it wur nae warse, an he wur a fine gentleman et wad nit hae dun it, if it wor net reet.

*Barb.* Larnin is a fine thing tae be sure, en scholars can dea what sic as me wad think cudnt be done, wieawt the dules help, but gang on a preia.

*Mary.* As sean as th hause wor dawn, black com in, he streaak wie his sword as he coad it, an thear wor forty barns gittin ther lessons, en this black lairly lurkd amang em but he wur sean seen be yan oth wediners, en ran tae tell; black dond maisters gawn on, then sum fellows wad tak him, but he scaapd yance mair, for nae body kent him he wor bawnd ith lang gawn; then ea less time then I cud tell anudder comical trick a thor pictures, thear wor a wind mill gangin; black ran up a stee, man hefter him on toth top; black jumpd dawn oth far side, paur man wur ath fleers, en raund it went; he cryd awt terrably, an weel he mud, yee kna he cudnt help bein sadly hort; black com tae this side oth mill, hit it a bang wic his sword, dawn went paur maislikin enoa; next up started a smiddy, thear wur a steddy en men maakin horse shoon, I saa a man blaw th belas.

*Barb.* Whya for sure this leaks varra like cunjerin, an yet awr king is qiute tae gud a man tae gang tae onny spot but whats reet thau may be sure; dustay net think et thor seets thau saa, isnt let yan behind anudder, en when black felt picturs owar, then yee saa em; whya it may be soa I knanet, but what thinks tae?

*Mary.* Marry I nivver thout ea that, for I was ill flayd, en gat up en sed I wad gang heaam, I wod stay nae langer, for I thout nin but the dule cud dea sic tricks.

*Barb.* Marcy on us! marcy on us! what deains yee hev seen; com yee heaam then?

*Mary.* Nay barn, I cud net git out, but I shut me een, eh nivver hoppend em mair, tul awe was owar. Me cusen wor bleady mad at me, coad me cuntry foals, clauns, an I knanit what, she taukd sae fast en sae fine I kent net what she sed, sae it wor quite lost ea me.

*Barb.* What went ye tae onny other spots, or did ye gang agayn toth playhause?

*Mary.* Nay, I'd hed enuff, we went tae see th giants, Lord hae marcy on me, they hed feaces as braaid as th dial at Dallam Tawr, en I think they wod not stand strick up ith heeghst hause ith parish.

*Barb.* Lord! Lord! what ye hev seen. Wor thor giants alive?

*Mary.* Nay, nay, lemme see, they er net whick I racken, they er what they coo otamys.

*Barb.* Like enuff, what saw yee else; onny new farly?

*Mary.* I quite forgitten tae tell yee what a nice donce I saw et play hause; thor picturs draaid aside, en then we saw a fine lang wood, en et far end a man en a woman wur cumin owar a steel; they com down oth way donsin, an a varra conny tune they hed; they wor sae lish they seemd hardly tae tutch groond, I cud a leakd at em awe day; when they wor teerd awt com six-men, an as monny wimmen, awt oth side ath raum, an sic fine donsin I nivver saa ner mun see agayn; they wur awt bawnd alike, an I nivver saa onny like em ea awe me boarn days.

*Barb.* I sud ea likd tae been wie yee, I wur oways fearful fond ea donsin. Saa yee awt else et wur conny while yee stayd? weel may gentl fowk be fond ea gangin tae Lunnon, when thear sae monny spoarts for em tea gang tea; but preia tell on, for I cud hear the for ewer, I hoap thau hasnt dun.

*Mary.* Dun.! I think it wod tak a month tae tell thee what ive seen, but ea my mind I saw a deal ea witchcraft an conjeration; I wur yaa time gangin wie me cusens wife dawn a lang street an she sed, "leak up at that clock;." we stud a bit, an I saa twea men cum awt o eider side eth clock, an when it streaak they hit it a bang wie a club; she sed they wur meaad a wood, but can wood dea this, sham eith ward, sic deans near a kirk, it mun be rang ise sartan.

*Barb.* This Lunnon mun be a fearful wicked spot; dustay think thear is nae godly fowk int?

*Mary.* I knanit, for me cusen fowk nivver went toth kirk while I staid; I wur whaint sorry tae hear her tell her dowters tae hod thersels, ea' this lids an that lids, but nae prayer ner catechism I hard, they wer corlin en donnin awth fornean, anth hefter we raaid in a coach intul sum cuntry spot tae tee; an then we hed a bottl a wine an caak; raat leevin, we wanted for nowt neider tae hit ner drink, but for awe that I wished mysel at heaam agayn, ise sure.

*Barb* What te cusen sure wad be kind tae the.

*Mary.* Aye he was varra weel, but she was oways at me abaut me donin, an wanted me tae by this kirly merly er tudder. I was forcd tae by monny things et I thout

I'd lile occashon for, er they wad net gang awt wie me, I used tae esh what I mud dea wie em when ea gat heaam; I towd her I wur brout up ith cuntry whaar a mannerly bed gawn an linsey petycoat wur owr ivvery day donnin, en ea conny stamp gawn for sunday, an I thout I leakd es weel es me nebbors, an as for settin mesel up for a gentlewoman I nivver sud, for I hed net manners fort, I sud meak mashment ont, sae I hed better be as ea was.

*Barb* Yee sed truly indeed, for tae be dond fine an knanit haw tae cary yansel, we sud be nowt but spoart for ivvery feal; I oft leak at awr squires wife en think haw nico she leaks, en sum haw carrys hersel es I cudnt en ea hed oth ward, they larn tae donce en sing, en tak conny steps, an howd thersels up an dea es yee en I cudnt dea, beside they er oways wie sic hes thersels, an heers nae ruff tauk.

*Mary.* Varra true, but when I towd her haw I hed leevd, she wod fling up her heaad an leak as scornful, an coo me a wulgar cratur, anth dowter et was net owar foreteen, wod thra up her heaad like an unbrocken cout at me wulgality.

*Barb.* Marcy on us! what wur that?

*Mary.* Nay I knanit what she mcaant, sae I wur yeasy abaut it. Me cusins wife is dond up in a fornean wie a yallow silk neckclaith raund her heaad, her gawn drawn up tae her gisard, en a girt ruff raund her neck, sae leetly clad yee may see her shap; for sartan I shamd wie em I promise yee when I wur dond awt immie ruff en es they wod hae me, I was sae shamd I thout ivvery yan leakt at me.

*Barb.* Lord hev marcy on us! what fashons thear is ith ward.

*Mary.* Sic deans imme cusins hause yee nivver wad belive, me unkle gat him a gud spot, an left him monny thausans, er he cud net dea as he dus; dowters larns tae play on a thing cood a pena, hes a maister cummin twice a week tae teach em; they sang teat, but I think I cud hev bangd eider on em at singin wieawt a maister.

*Barb.* Why an they gang on a thisan

theyl spend what they hev. Thau ses she wur dond awt ith moarnin, what dud she don twice ea yaa day?

*Mary.* Aye, ith hefter nean she wor ea muslin as thin es a cap boarder, an sae lang they lapd raund chaars an teaabls, e- nuff tae ding em owar; lang coaats is fit for naë raums but sic es Dalam Taur, whaar ther gawns can traail alang wieawt gittin haad ath guds, er draain th fender hefter em.

*Barb.* It wur a lile hause I racken?

*Mary.* Th parlour wur lile enuff, but what they cood th draain raum wur a varra fine yan, an a gay girt en; I staard first time I wur in it, tae see sic grand deains; she knackd en sed she was tae hev a party that eunin.

*Barb.* A party! whats that preia?

*Mary.* Why barn I knew nae mair than thee what she meant, but I fand it was a paur a fowk com tae lake et cards, an hed tee at eight o'clock; she eshd me if I cud lake, I scd aye, et three handed lant, an pops, an pars; she fetchd up a girt gird a laffin, an sed nane thear knew sic cuntry gams,.

*Barb.* Thau mud ea sed her maaister, kent it, en awe his seed, breed, en generashon, for sure they er aboon ivvery thing, pride mun hev a foe.

*Mary.* Ea lile bit afoar I com away, th audest dowter com intae my loft, "o cusen see what my papa hes meaad me a present on, a beautyful wig;" "ea wig," sed I, I wur quite gloppend, "leak, dont I leak mighty well in it;" I knew nit what to say, I sed "I think you want nae wig, ye hev haar enuff;" she fleard imme feace, en sed "its quite th fashon, but cuntry peple er sae claunish won cant mak them dacent;" but she spak sae fine I cant tauk like her, en yeel me belive; soa she siseld awt eth loft "why mudder hes a wig."

*Barb.* Is tae leein? or is tae speakin truth? Flesh! thaus maakin gam ise sure. Is ther onny gardins eth Lunnon, er it is awc hauses?

*Mary.* Aye, sic a yan as yee nivver saa

barn, for oa maks a gardin stuff, en potates wieawt end et ivver ye can neaam, en far cheaper then its at Kendal; raas oa carts, an its a reet nice spot.

*Barb.* What is ther but yaa garden?

*Mary.* Aye, monny scores, I dar be bawnd, but they oa cum here toth be selt; they coo this spot Common Gardin, an ivvery yan gangs thear tae by; thear is oa maks ea things tae sel. Ea Lunnon if yee hev money, yee may hev awt tae hit onny time ith day, reddy roasted er boild; its a wondros spot, en yet I was glad tae leaave it.

*Barb.* Aye, thau thout a paur Thomas, thau gat nae huddlin ea Lunnon, I racken; speak truth, dud tae nivver wish the sel wie him, hees a bonny young man ise sure, en they say et Bet his cusin, is varra fond on him; but cum, what else dud tae see?

*Mary.* Yaa day me cusen sed Sadlers Well wor oppend that neet, oh then we mun oa gang, for th play hause wur shut, she sed. We set off in a coach tae this

Sadlers Wells; thear wur a pawer oth fidlings en men donced a raaips, hed a teaable en glasses on it, I knanit haw they dud, I wur quite freetend wie em; then ea man dansd on a slack wire, I thout he wod brick his neck; me cusin laffd, an seemd fearfully pleasd, but I thout th wire leakd nae thicker then noggy wife thread; he swang ont an seemd varra careless; I wur reddy toth soond, I thout he wad brick his neck, he went up a stee at steaad agayn nowt; I wur then sure I mud be amang dules. I gat tae say th Lords prayer, then I knew nowt cud hort me; me cusens clapt ther hands an offen eshd me "is net this clever? is it net great? did you ever see the like in Westmorland?" nay, thout I, God forbid I sud, we er brout up thear ith fear ea God, an net ea wonderin at dule tricks. At last donsin was owar, en thear com sum lile tinny dogs dond ea gawns, en petycoats, they donsd an staad up ea ther hinder legs, then com a pig an towd fortuns, this was th connyest seet I saa ea Lunnon, pig sed,

I sud net be a yeer unwed, think ea that Barbary.

*Barb.* Whya, like enuff, I think that may cum true.

*Mary.* I knanit what may happen, but I hae nea thouts ont at this time; I hev sum thouts ea gangin tae Lirple, for a month; I hev a cusin thear hes oft eshd me tae cum; I think tae gang ith stage coach, for ise weary wie sailing.

*Barb.* Whya whar dud thau sail teya?

*Mary.* Whya I saild monny a time while I wur ea Lunnon, thear is oways boats liggin ith watter for onny yan et el hire em; we went teya a spot coad Greenige ea yan a thor lile boats; I wor ill flayd, for we seemd close toth flead. I saa a terrable fine palace, an a conny park, a heigh hill in it, we went toth top ont, an me cusin sed "sit dawn ath this form," I dud, en oway it ran toth bottom wie me; I nivver thout but I sud hae been ith beck, en I cud nit stop mesel whativver I cud dea; me cusin followed me an tuck haad omme arm up agayn, en was varra merry wie me, but I telt him I likd nae sic spoart, en was glad when we gat heaam et neet. Ya thing I saa et pleasd me weel, that wor swans sittin ith watter; they leakd varra grand indeed.

*Barb.* I hev hard a swans, what er they preia, I forgit?

*Mary.* They er like girt geese, er rader like girt steggs, sittin ath top oth watter: they leak sae grand, en if ye hev onny caak er owt tae giv em theyl follow th boat they er sae teaam; nae yan dar kill em.

*Barb.* What er the th kings? what ye saa him, enth wife, enth barns.

*Mary.* Hees a varra gud leakin auld man, an shees a fine leakin woman; shees like yee I think, she taks a deal ea snuff; dowters is varra fine young quality maak ea wimmen; they hed oa girt heaps on, an sic fedders ea ther heaad hoaf a yerd heigh, en ther heaads an necks shines like stars. But I saa monny grander seets than this; I saa lyons, an queens ass, an Lord Mare, an Methodist chappel, an Bagnio Wells, en twea men hangd et Newgate, en forty things beside.

*Barb.* Whya for sure yeel be priaam cumpany ea lang winter neets; I wod I wor neer yee, yeel be for Kirby tae yer noants, I racken yeel nit gang tae Lirple yet.

*Mary.* Nae I cannet find imme hart tae leaav her yet; shees been a mudder tae me, an she sal want for nout, naw I hev it imme paur, for her ane barn is soa taen up wie huddlin, et she minds nin of her; hed her fadder thout she wod hev dun es she hes, he wod hev left her mudder mair, en her less; but I fear nowt et dow el cum on her en she dont awter sean.

*Barb.* I hear shes gaain tae wed Fredrick, et com wie sum girt sougers tae Kirby, is it true thinkstea, I daut en she dea sheel maak a paur weddin ont.

*Mary.* Sheel hev him, en heel hev her, for shees stark mad on him; ow her kin hes taukd tae her; she says hev him she will, en she ligs in a sendry kaw boose iv very neet, nay sheel gang ea beggin wi him.

*Barb.* Like enuff she will, for its my thout hees an arrant dannet.

K

*Mary.* I nivver ea oa my time kent yan oa thor luv matches ivver dea weel; thear sud be sum thout as weel as luv. What can yan dea wie a hause full ea barns, an nowt but luv tae gang tae market wie; will it buy bread er flesh? nay, ittel groo varra caad when its dond ea poverty: luv parrd wie a lile tae stock a farm en by twea er three guds, dus varra weel.

*Barb.* Whya, for her ane seak, I wish she wod dea weel.

*Mary.* Lord barn, shees gitten in wie sic a gang es el nivver due her gud, en indeed shees quite ea bait hersel.

*Barb.* Dud tae see the cusin Cicely while thau wor ea Lunnon?

*Mary.* Aye, monny a time, she keeps a girt yal hause, welly beeth Taur, en shees groon sic a girt fat tulse es yee nivver saa, but they due fearful weel. I sud step in tae see yaur nebbors en ant er they will be vexd, en think me porshen hes meaad me praud.

*Barb.* Dunnet stay lang gud lass, I'll hev tee reddy varra sean; I nowt but breaad, tae toaast; kettle dus boil. Hang the for a mammelt; leak at this lairly tom-cat haw he hes hitten a bit raund ivvery bun; for sure me maister maks sae mitch wark wie him, es en he wor a lile barn.

*Mary.* Lord bless us! hees a fearful girt cat; he wod flay yan wor yan tae meet him in a wood; I nivver saa his marrow, but I racken he leevs weel maaks him groo ea this lids.

*Barb.* Aye, heel tak caar on his sel. Naw dunnet stay.

*Mary.* I'll be back ea nea time.

END OF DIALOGUE FOURTH.

### The Kirby Feight.

Eighty-eight wor Kirby feight,
When nivver a man was slain,
They eat ther meat, and drank ther drink,
And sae com merrily heaam agayn.

## The Appleby School-boy's Speech.

We wur twea lile lads et hed tae coe et a smiddy, tae hev our new clogs cakert en snout bandit; hefter that we clanterd dawnt street, en hed tea gang tae a lile tawn coed Burrels; we set dawn that titter up sud coe tudder up neisht mornin, but it happend that I laid ower lang ea bed; I plaid trouen three heaal days, en then ventert tae gang taet skule; wen 'th maister saa me, he sed, "you sir, cum here;" I went up sadly freetent; he sed, "what for hev ye been sae lang away?" I sed, "I wod hae cun titter, but th wedder was sae clashy, anth lwoans sae clarty, et me grond-fadder, sed I cud nivver git teaavd throut."

## The Brigsteer Peat Leader's Speech.

My deaam gat a bad stitchin pain in her side this summer wie forkin hay, she tried oa ath nebbors cud think on tae mend her, but nin on them cud due her onny gud, she was sae ill barn I wod nit hev given a peat for her life; but hevin sum of Rauk's Balsam ith cubbert, et aur lad hed been tackin on, for a brocken showder, an he is now mendan connoly, thinken it happen mud due her gud; she gat hald et Bottle, wieaut mindent direction paaper an teuk a girt swig, it went thro ivvery bean in her skin, aye, tea her varra teaa ends barn t she was better derectly, en hes aild nowt nivver sen.

# GOSSIP NAN.
## A NEW SONG.

*To the Tune of Bob and Joan.*

### 1.
Gud morrow gossip Nan,
Haw dus awe at heaam dea!
Haw dus ivvery yan,
Lile Dick en awe dea?
Tom is gaylie weel,
Sends his sarvis tea,
Sall hes hort her heel,
Er wod ae cum et seea.

### 2.
Lile Dick hes deet his coat,
Wie follin widdle waddle,
He slird in wie his foat,
Intul a dirty poaddle.
Spinkey hes coavd a bull,
En I thout tae selt it,
Soo brak awt oth hull
En varra nearly kilt it.

### 3.
Bet is girt wie barn,
I think they'r awe gean crasy,
She'd better mind her garn,
But she's fearful lassey;
En wha dea think mun haait,
They say simple Sammy,
Troth! I'd be laith tae sayt,
But it belangs tae Jammy.

### 4.
Awr lass hes taen her tow,
An gane in heaast tae don her,
Shees gaain toth this show,
For nowt et dow el cum on her.
Jennet went toth seet,
En com en telt sic wonders,
She sed nin like them cud deat,
Why they meaad it thunder.

### 5.
Sic deaans is awt ea rule,
Yee may be varra sartan,
They'r dealin wie the dule,
When they dra up ther cortan;
Wod awr Tom but stay oa neet,
When he taks fish tae Kendal,
Mass I'd gang en seet,
I'd kna haw they fend all.

### 6.
I hae gitten a swoap a gin,
Rare hummin liquor,
Troth I'm on the merry pin,
Cum gud lass be quicker;
Here's awr varra gud healths,
En may we hae plenty on it,
I hate tae drink by stealth,
Sfish! I hardly ken my bonnet.

### 7.
I cannit miss this spot,
But mun coo et seea,
I'd rader gang rawndth knot,
Then nit say haw dea.
Fare yee weel, dear Ann,
As I am a sinner,
Clook hes strucken yan,
Fleaks et fry for dinner.

# BRIGSTEER JONNY.

## A NEW SONG.

### 1.

Ise coed Brigsteer Jonny, just cum up frae Lunnon,
Dont the girn at me, or I will laff at thee,
Ive seen knaves dond ea silks, and gud men ga ea tatters;
Yan sud tell the truth and giv auld nick his due.
Nin what prov'd wie barn, but they coed me the fadder,
Says I to me sell ise be off in a trice ;
Nine Kendal Bank nooats, mudder slipt ea me pocket,
And fadder neisht gav me reet wholsome advice.

### 2.

Says he keep frae 'th'lasses and neer luik a hint tae,
We er es deep es best on em, fadder says I ;.
They packt up yaa sark, sunday waistcoat, twea neckcloths,.
Havver bannock, cald dumplin, and a potatoe pie.
I mounted black filly, bad god bless auld fowk,
Says fadder thou's larn'd John, en got nout tae fear ;.
Coe en see cusin Jacob, he has got awth money,.
He will git thee sum guverment pleaace tea be sure.

### 3.

I stud top of Helston Barrows, teuk a lang luik at Whitbarrow,
And neisht at awr skule hause, amang the esh trees ;.
The last thing I saa was the smook frae awr chimley,
I felt ea quite queer with a hart ill at ease.
Still summet within me cries pluck up the spirits,
There's luck says old Stephen in feacing the sun,
Thou's young, lish and conny, may wed some fine lady,.
And come back a nabob as sure as a gun.

### 4.

Knain manners, I doft of my hat tae awe strangers,.
Wie a spur on tae heel, and yak sapling ea hand ;
It teuk me nine days, and six hours cummin up-bank,
At Hooarns et was highgate, a chap bid me stand.
Says he haus awe friends in the north honest Jonny,
Odds bothers says I, what thau dusent ken me,
I paid twea white shillins, and fain was tae see him
Nit thinkin on maad onny quientance tae see.,

5.

Neisht thing was girt kirks, gilded coaches heigh hauses,
And fowks runnin amang yan snudder like back-end fair ;
I met a smart chap, esht whaar tae find cusen Jacob,
Says he, " clown go look, " says I, " friend tell me whaar. "
Fadder's letter tae Jacob, hed gitten nae subscripshon,
Soa while I was maandrin and gloaring abaut,
A white feac'd young lass, dond out like ea lady,
Cries, " pray sir step in, " but I wish I'd keept out.

6

She pood at a bell, like awr kirk bell it sounded,
In com sarvant lass, en she ordert sum wine ;
Says I, " ise not dry, soa I hope you'll excuse me, "
O then she insisted I sud stop en dine.
She meaad varra free, I sed it was a sham,
For I thout she was ea luv wie me parsen tae be sure ;
I sed I wud coe again, but as for black tilly,
Would onny believe me, she wor stoun frae th dure.

7.

By gum whaar ner that, when I greapt me breeks pockets,
I fand fadder watch and the nooats wor awe geaan ;
It was neet, en I leakt lang and sare for kent feaces,
But Brigsteer fowks, I ne'er cud see nin.
I sleept a top ath flags, just ea hint a kirk corner,
When a chap wie a girt stick en a lantern com by ;
Says he, " thous a peace-breaker, " says I, " thous a leear, "
In a pleaace like a celler he fooarst me tae lie.

8.

Nowther caff bed ner blanket, for silly pillgarlick,
I cud net sleep a wink, ner yet see a stime ;
Neisht moarnin wor teaan toth narration office,
Whaar a chap in a girt wig, sed I'd dun a sad crime.
Yan eshd me my neaam, and he put on his speckets,
Says I, " ise Jonny Brunskill, ise Brigsteer boarn ; "
Wha think yee it preavd, but my ane cusen Jacob,
He seaavd me frae 'th gallows, aye that varra moarn.

9.

He speak a deal ea words, tae my lord quite autlandish,
Neisht ordert his coaach, and away we reaad heaam ;
He esht varra kind, hefter fadder en mudder,
Says I, " they er beaath braavly, ' l neisht saa his deaam.
She was awe puff en pooder ; as for cusen Jacob,
He hes gitten owar mitch geer tae tak noatice ea me ;
Soa sud onny amang yea, want a conny lish sarvant,
Just bid me a wage, en ise opod you weel gree.

# A GLOSSARY

OF

WESTMORLAND WORDS AND PHRASES.

### A
Addle, *to earn*
Afoar, *before*
Afoat, *on foot*
Al, *will*
Ane, *own*
Anth, *and the*
Arrant, *errand, or a disorderly person*
Ath, *at, or upon*
Awter, *alter*
Awth, *all the*
Aye, *yes*

### B
Baad, *whore*
Badly, *ill*
Bang, *to beat*
Barn, *a child, also a familiar way of speaking one to another.*
Baterd, *beat*
Bawn, *going*
Bawned, *dressed*
Behouden, *beholden*
Belive, *presently*
Berrin, *funeral*
Big, *great*
Bigg, *to build*
Biggin, *building*
Bide, *bear, endure*
Blend, *mix*
Bleend, *blind*
Boaam, *balm*
Boarn foal, *a silly person*
Boggart, *a spirit a spectre*
Boggle, *to be afraid*
Borterry, *the elder tree*
Braaid, *broad, to beat*
Braaid-scar, *broad stone*
Brant, *steep*
Bran-new, *quite new*
Brat, *a coarse apron*
Breeder, *brother*
Broo, *brow, forehead*

### C
Caad, caud, *cold*
Cakert en Snoutbandit, *narrow iron nailed round the bottom, and a thin piece across the toes*
Caant, *or* cannit, *cannot*
Cam, *comb*
Cankert, *rusty, ill-natured*
Cannit, *or* caant, *cannot*

Carryth, *carry the*
Caud, cauld, caad, *cold*
Caul, *a swelling*
Chaamer, *a parlour, or bed room*
Chat, *or* tauk, *talk*
Claakin, *scratchin*
Clam, *starve or hunger, also climb*
Clarting, *daubing*
Clatter, *to make a noise*
Click, *to snatch*
Clod, *to throw*
Clumb, *climbed*
Coaats, *cloaths*
Cocker, *a cockfighter*
Cockeler, *a cockle getter*
Conny, *pretty*
Coo *or* coe, *call*
Cood, *called*
Cout, *a foal*
Craaled, *crawled*
Cud, *could*
Cudnt, *could not*
Cum *or* com, *come*

### D

Daark, *day work*
Daimont, *diamond*
Dannet, *a bad man or woman*
Dea, due, deya, *do*
Deaam, *the mistress of the house*
Dee, *die*
Deet, *dirt*
Deg, *to sprinkle with water*
Diddert, *trembled, shivered*

Din, *noise*
Doft, *undressed*
Dond, *dressed*
Donsin-neet, *dancing-night*
Dowly, *lonely*
Dree, *long tedious*
Dreeamt, *dreamed*
Dry, *to wipe, thirsty*
Dule, *devil*
Dunnet, doant, *do not, or doth not*
Dustea, dustay, *dost thou*

### E

Ea, *in, and*
Eeen, *eye*
Eigh, *aye*
El, *will*
Em, *them*
En, an, *and, also, if*
Er, *your, or, are*
Esh, *or* ax, *ask*
Et, *at, to, that*
Eunin, *or* evnin, *evening*
Ev, *have*

### F

Faad, *fold*
Farrently, *orderly*
Fause, *false, cunning*
Faut, *fault*
Fawn, *fallen*
Feater, *a dancer*
Fend, *to provide for*
Fest, *to board out*
Fettle, *condition, case; also a cord which is used to a pannier*
Filth, *a scoundrel*
Flaayd, *frighted*

Flackering, *shivering*
Flyer, *to laugh scornfully*
Flite, *to scold*
Foin-awt, *quarreling*
Freat, *to mourn, to grieve*
Freet, *fright*
Fusom, *notable, tidy*

### G
Gaapen, *hands*
Gaain, or gangin, *going*
Gaily, or gaylie, *tolerable, very well*
Garth, *garden, croft, or parrock*
Gaylie-weel, *very well*
Geaat, *a street or road*
Gerse, *grass*
Godil, *God's will*
Glenders, *stares*
Glimmer, *to shine a little*
Gloar, *to stare*
Gloppen, *surprise*
Graaidly, *honestly*
Graaiped, *groped*
Greaav, *to cut peats*
Greet, *to weep*
Greaan, *groan*
Grepen, *clasped*
Grondy, or grandy, *grand-mother*

### H
Haad, *hold*
Hae, or hev, *have*
Haista, *hast thou*
Happin, *a coverlid*
Heaal, *whole*
Hefternean, *afternoon*
Huddle, huddlin, *belonging courtship*

### I
Ill-favort, *ugly*
Inkling, *a hint*

### K
Kaw, or caw, *a cow*
Keep and creak, *hook and eye*
Kerly merly, *a fanciful or useless thing*
Kist, *a chest; also kissed*
Kneaf, *neaf or fist*
Kyesty, *dainty*

### L
Lake, *to play*
Laukin, *weeding*
Leets, *happens*
Leever, *rather*
Lick, *beat*
Loft, *a lodging room*

### M
Macks, *sorts*
Madlin, *bad memory*
Magget, *a whim*
Maislikin, *foolish*
Meand, *complained*
Mismannerd, *unbecoming*
Mooad, *roared*
Mul, *dust of peats*
Munee, *must I*

### N
Neb, *a point*
Nettle, *to vex*
Nin, *none*
Noant, *aunt*

### O
Oddwhite, *a word sometimes used in scolding*
Omast, *almost*
Ommea, or omme, *of me*

## P

Paddock, *a toad; also a small inclosure*
Parlish, *dangerous*
Peat, *turf*
Pesterd, *teased*
Peyl, *to beat*
Pig-hull, *hog-stye*
Poak, *a sack or bag*
Podish, *porridge*
Porshon, *fortune*
Primely, *very well*
Puzend, *poisened*
Pyannet, *a magpie*
Parsen, *personal charms*
Plainth trouen, *wilfully neglecting school*

## R

Raaid, *side, or rode*
Racken, *think; also to count*
Rappis, *a wicked man*
Rascot, *rascal*
Reeden ⎱ *ill-tempered*
Reedin ⎰
Reek, *smoke*
Reerd, *rise on end*
Rive, *tear*
Ruggs, *coverlids for beds*
Ragabrash, *a disorderly fellow*

## S

Sackless, *innocent*
Sarra, *serve*
Sark, *a shirt*
Saurin, *vinegar*
Scrat, *or* skrat, *scratch*
Seaal, *sale*
Seaam, *same*
Seager, *or* shugar, *sugar*
Sendry, *different*
Senth, *since the*
Seune *or* sewen, *seven*
Shakin, *the ague*
Shear, *to reap*
Shilla, *a stoney beach*
Skeer, *the place where cockles are got*
Sken, *squint*
Skreengd, *squeezed*
Slat, *spill or throw*
Sleeveless-arrant, *going to no purpose*
Slird, *slide*
Smiddy, *a blacksmiths shop*
Smoar, *smother*
Smut, *a black spot*
Sneck, *the latch of a door*
Spaan, *wean*
Span-new, *quite new*
Spew, *to be sick*
Staat, *an estate*
Steaad, *stood*
Steaal, *stole*
Steal, *stool*
Stee, *a ladder*
Steg, *a gander*
Swap, *to exchange*
Swaymas, *shy*
Swoap, *a sup*

## T

Taakin, *condition*
Taar, *tore*
Taas, *wood split thin to make baskets wit*
Taavin, *or* teavin, *kicking*
Tan, *then*

Teanale, *a basket*
Teap, *a ram*
Tea dra, *a home*
Tee, *tea ; also to fasten*
Thaul, *thou will*
Thee, *thigh*
This lids, *this manner*
Thissen, *this way*
Thof, *although*
Todder, *the other*
To-morn, *to-morrow*
To-neet, *to-night*
Torner at laa, *attorney at law*
Tummelt, *tumbled*
Turmoild, *distressed*
Titter up coe tudder up, *the first up awakes the other*

U
Une, *even*
Upth, *up the*

V
Varra, *very*
Varmant, *vermin*
Varlet, *a vile person*
Varsal, *universal*
Vest, *a waistcoat*

W
Waat, *apprehend*
Waaitin, *attending*
Waintly, *very well*
Waistomea, *woes me*
Weatin, *urine*
Welly, *almost*
Whaint, *very*
Whaker, *quiver, shake*
Widdersful, *endeavouring*

Finis.

KENDAL: PRINTED BY M. AND R. BRANTHWAITE.

# Addenda.

## KENDAL CASTLE,

THE SEAT OF SIR THOMAS PARR, BART., FATHER OF QUEEN CATHARINE PARR, WHO WAS THE LAST WIFE OF KING HENRY THE EIGHTH.

From a Picture in Mr. TODHUNTER'S Museum.

*View of its Ruins taken in 1800, by Mr.* HOPPER.

Mr. BUCK, drew a view of its Ruins in 1739, at which time almost the whole enclosure walls were entire with four Towers, two square and two round, but their upper parts and the embattlements were demolished.

## Description of the Castle.

Kendal Castle stands on the east side of the Kent, upon a Hill, composed of rounded stones embedded in a black sandy cement. Its situation in the midst of the valley opposite the town, is both strong and beautiful, has probably been built on a Roman fort by the Barons of Kendal. Was successively the seat of the Brus, Roos, and Parr families. A survey made July 12th 1572, describes it thus. The out walls embattled forty feet square; on the north side is situate the front of the gatehouse, the hall, with an ascent of stairs to the same, a buttery and pantry at the end thereof; one great chamber, and two or three lesser chambers, and rooms of ease adjoining the same. Under the hall are two or three small rooms or cellars. In the south side is situated a dove-cote. The walls are circular, guarded by three towers, and a keep; with a large square area in the centre, and has been surrounded by a deep moat. Being all in a state of delapidation. In its doors and windows and a few corners, a dark red free-stone, such as is found about Appleby and Penrith, has been used, the rest of it is very rudely built with unhewn blue, primeval, rock, brought from the hills, and small stones collected in the park and demesne lands adjoining.

The foundations of the towers and the enclosure walls were repaired, and the skirts planted with a variety of timber trees in January 1813, which now present a beautiful object from the town.

# KENDAL

Is the most extensive town in Westmorland, is situated in a pleasant and beautiful valley, with the noble river Kent washing its eastern side. The situation of the city of Bath may be considered as greatly similar to that of Kendal, hanging on the declivity of a range of hills, bordering a low vale, which is watered by the Avon, as this town is by the Kent.—On the west side is a long tier of hanging gardens; and the present lively appearance of the whole town is much improved by the number of Lombardy Poplars, which spire far above the buildings.—From the north the river is crossed by a handsome bridge, where three great roads coincide, from Sedbergh, Kirkby Stephen, and Penrith. The main street from the bridge slopes upwards to the centre of the Town, where it joins another principal street, which falls with a gentle declivity both ways, is a mile in length and of a spacious breadth. The entrance from the south is by another bridge, from which the street opens well; other streets branch off, all well paved, chiefly built of hewn limestone and covered with blue slate; but many of the houses in the narrow streets are of stone and plaistered. The streets had undergone little or no alteration till the opening of Lowther-street, in 1782, which has much improved the road through the town for carriages. The principal Inns are genteel, commodious, and plentifully served.

## Population.

| A. D. | | Males | Females | Total |
|---|---|---|---|---|
| 1784 | Kendal & Kirkland | 3267 | 4304 | 7571 |
| 1793 | Kendal | 3142 | 4012 | 8089 |
| | Kirkland | 391 | 544 | |
| 1801 | Kendal | 2950 | 3942 | 7978 |
| | Kirkland | 441 | 645 | |
| 1811 | Kendal | 3311 | 4194 | 8759 |
| | Kirkland | 550 | 704 | |
| 1821 | Kendal | 4139 | 4845 | 10455 |
| | Kirkland | 638 | 740 | |
| | Scalthwaiterigg or Upper Graveship | 38 | 42 | |
| | Nether Graveship | 6 | 7 | |

From this statement it appears that between the years 1784 and 1793 the increase was 518; between 1793 and 1801 there was a decrease of 111; between 1801 and 1811 an increase of 781; and between 1811 and 1821 an increase of 1607, or an annual increase of 160 in Kendal and Kirkland.

## Additions and Improvements.

The Union Society's Buildings at the end of Stricklandgate, upon a plot of ground situate near the Methodist Chapel, have every advantage for health, comfort and convenience. A hundred houses nearly will soon arise upon a parallelogram, easy of access, with a beautiful prospect and possessing the benefit of air and water. The buildings will consist of a row of houses, with a southern aspect, called *Chapel Row;* from the adjoining Methodist Chapel—of another row of houses, named *Strickland Place,* fronting the East—and of a third row of houses fronting the West, named *Caroline Street*, this was intended to have been built on both sides, but a portion of the ground has been sold by the Union Building Committee to the Commissioners of the Fell, so as to isolate the Poor-house, and provide a site for a Recovery House, in the event of the town being visited by infectious disorders. The centre of the parallelogram is occupied by *Union Street*.—All those streets will be bisected by *Cross Street*, at the head of which will be erected a handsome Arch, containing a pump for the accommodation of the public.

The new buildings on the Ambleside road possess an airy situation, and a plentiful supply of excellent water, being situate on the higher part of the House of Correction Hill, some of the proprietors disdaining the appellation by which that hill has hitherto been distinguished, have given to their Houses the name of *Belle Hill*.

A row of convenient buildings extend from Wildman-street to Far-cross-bank, these dwellings have been designated by the name of *Union Row*.

The buildings extending from Stock-bridge on the Sedbergh road to Thorney Hills, are nearly upon the same plan as those of the Union Building Society, and are called *The Terrace*.

If a Crescent consisting of buildings of a superior order, should be erected (as is most likely to be the case) on Thorney Hills, probably a row of houses would succeed them on the Corporation ground, in the Aynum, upon an agreement betwixt the proprietors and tenants, so as to connect with the meditated erections in Miller's Close. Upon this plan being carried into execution, it would be deemed advisable that a carriage road be opened from the Sedbergh road, to communicate in front of these buildings, with the Coal Wharfs, and Warehouses of the Canal Basin, and also by widening the bridge at the head of the Castle Mills' Dam, with the front of the Corporation's meditated buildings, to Kent bridge. This would be a most convenient and useful communication.

In noticing the other improvements of the town, amongst the most conspicuous and important are the Canal, and the immense pile of buildings adjoining its Basin, These Buildings have a two-fold importance in regard to this town: 1st, as affording great facility to commerce; and 2dly, because (being the property of the Corporation) they produce a large revenue per annum; a great part of which will probably be applied in making improvements in various parts of the town.—They consist of two large Warehouses and out-offices, one HARGREAVES's the other WIDOW WELCH & co's, forming one handsome uniform building which for convenience in the reception and forwarding of goods are not to be excelled in the kingdom. WEBSTER's Marble Chimney-piece manufactory. FISHER's Timber-yard and Work-shops. FAWCETT's Weighing-Machine and house. WILSON & Co's Dyehouse. A neat Packet-house, at the head of the canal. Several dwellings, and offices attached to the different coal, slate, and timber wharfs. Kent Bridge a handsome and commodious structure, near where the old bridge stood; and the Mill-race-bridge.

The widening and improving the bottom of Lowther-street and Kent-street, with a large and extensive Warehouse, Work-shops, and a handsome tier of buildings situate on the west side of it, present very considerable and beneficial changes; and the new erections and improvements in the principal streets, and other parts of the town, especially in the handsome appearance of many new shops, are too numerous to particularize.

The spirited improvements taking place in the turnpikes both to the south and north of the town, are eminently manifest. When the alterations upon the Shap road are completed, this passage across the mountains which bisect the north of England, will be effected with the greatest ease; and if a portion of the lands adjoining it, yielding little rent to the opulent proprietors, were judiciously planted, they would yield the best return to their owners, and the traveller would be very little sensible of the once dreaded stage over Shap-fells, and enjoy the magnificent and varied scenery. The improvements upon these roads will also increase the demand for coals, and the carriages bringing grain, slate, &c. will return loaden with it, and extend its sale to the west, north, and east of the canal's termination.

## Opening of the Canal.

*In the year 1792, an Act was obtained for making a navigable Canal from Kendal, by way of Lancaster and Preston, to go through the great Coal countries near Chorley and Wigan, and to join the Canals in the south of Lancashire; its principal design being for the carriage of Lime-stone and Slate from the north, and to return with Coals. It terminates in a field called Aynum, on the east side of the Town.*

The Kendal and Lancaster Canal was opened for Navigation on Friday the 18th of June, 1819, (the anniversary of the victory of Waterloo.) At an early hour in the morning, flags were hoisted on the Town-hall, Castle, Church-steeple, Canal Warehouses, and various other parts of the town; a general bustle prevailed throughout the town; all business was suspended, the shops were closed, and every one seemed anxious to witness the pleasing and novel spectacle. Several pieces of cannon, which had been procured on the occasion were stationed on the Castle-hill, and in Chapel-close on the opposite side of the valley, continued to fire at intervals during the morning. About nine o'clock in the morning, according to previous arrangement, the Corporation and Gentlemen of the town, preceded by a band of music, and a party of special constables, walked in procession from the Mayor's residence down to the Canal Basin, where they embarked on board the Corporation Barge, accompanied by a large party of Ladies. Another Boat, fit up for the occasion, and denominated "*the Extra Barge,*" was also filled with respectable individuals. At a quarter before ten o'clock both the boats were drawn from the basin, and proceeded down the Canal amidst the ringing of bells and firing of cannon.

The banks of the Canal and every adjacent promontory were crowded with numberless spectators. The Barges passed the Tunnel at Hincaster about twelve o'clock, and arrived at Crooklands at one, where they awaited the arrival of the Barges and Boats from Lancaster. The *Prince,* on board of which were the Mayor of Lancaster, the Lancaster and Kendal Canal Committees, and a large party of Gentlemen; the *Lune,* which was also filled with Ladies and Gentlemen, left Lancaster about seven o'clock in the morning, amidst the shouts of the populace. At Tewitfield they were joined by the trading boats belonging to HARGREAVES, and WELCH, The Boats belonging to these companies were principally filled with tradesmen from Kendal, who were admitted on board by tickets which had been previously given: luxurious entertainment was provided, and good humour and good cheer prevailed amongst the *crews.* Soon after one o'clock their arrival at Crooklands was announced by the huzzas of the multitude.

The Canal Committee's Packet here took the lead, and was followed by the Corporation Barge, and a large train of boats, which completed the procession. There were several bands of music, and each boat hoisted an appropriate flag. In this order the procession moved towards Kendal, and again passed the Tunnel (which is 378 yards long.) When the Barges arrived at Hincaster they halted for the purpose of forming a more compact procession: here the gentlemen of the Committees disembarked from the *Prince*, and presented themselves on the bank opposite the Corporation Barge, to make their respects to JOHN PEARSON, ESQ. Mayor. After a short delay they proceeded onwards and crossed the boundary line of the Burgh of Kendal at Natland Mill-beck at half past four, with a cheerer of *three times three*, and the band playing *God save the King*. Here the Committee's Boat fell behind, and the Corporation Barge led the procession which finally entered the basin about five o'clock. The whole procession now consisted of *sixteen* boats—three of which were Packets; five vessels, belonging to HARGREAVES, WIDOW WELSH & Co, and others; five boats laden with Coal; one with Timber; and two others—one of which was the *Extra Barge*, and the other a small Boat built by Mr. GEORGE BERRY, of this Town, denominated the *Elephant*; this boat was propelled by paddles fixed to a wheel on each side; its *external* appearance was that of a steam boat, but its machinery was put in motion by manual labour.—A small but superb representation of the royal arms, wrought upon a ground of crimson satin with gold and silver, was elevated on a pole at the prow of the Corporation Barge : (this piece of elegant embroidery was exhibited in the procession at the coronation of our late Majesty, and is the property of Mrs. RICHARDSON, of Lowther-street. A flag was hoisted at the stern, in the centre of which the Genius of Commerce was represented with one hand resting on a lion couchant and the other supporting a shield, which bore a representation of the device on the Corporation Seal. In the back ground appeared a distant view of the Canal Warehouses, Kent Bridge, and part of the new buildings near. The Arms of the Burghs of Lancaster and Kendal were painted on the corners, and the whole was surmounted with the motto—" *Prosperity to Inland Navigation.* " The flag on board the Committee's Barge, represented the united Arms of Kendal, Lancaster, Leeds, and Liverpool, with other appropriate and well-executed devices.

To a spectator who commanded a comprehensive view of the whole, the scene was one not only of perfect novelty, but real grandeur : the landscape which passed before them, presented a most beautiful and rich variety of rural objects, every bridge and elevated spot was crowded with spectators, who occasionally evinced their feelings by loud huzzas. On the arrival of the procession at the Basin, the number of spectators was beyond all calculation. If we may be allowed to hazard a conjecture, we will say there were *ten thousand persons* who witnessed the entry of the procession into the Basin—a number at that time equal to the whole population of Kendal! The south and west sides of the Castle hill were literally covered with people, who enjoyed a full view of the Basin from that elevation.

After the Corporotion, the Committees, and Gentlemen had disembarked, they formed into a procession and proceeded to the town: after parading the Streets for a short time, they repaired to the Town Hall, where about 120 Gentlemen sat down to an excellent dinner provided by Mr. WEBSTER, of the Commercial Inn.—At Mr. JACKSON's, the King's Arms, a large and genteel party had an excellent dinner. There were other large dinner parties on the occasion, at which many loyal and patriotic toasts were given, and several good songs were sung by some of the Gentlemen, with bands of music playing which added to the entertainment.

A Ball, at the King's Arms in the evening, at which above one hundred Ladies and Gentlemen attended, terminated the festivities of the day.

Finis.

KENDAL: PRINTED BY M. AND R. BRANTHWAITH.